로마서
이해 쓰기

세움북스는 기독교 가치관으로 교회와 성도를 건강하게 세우는 바른 책을 만들어 갑니다.

세움북스 이해쓰기 시리즈.2

로마서 이해 쓰기

초판 1쇄 인쇄 2021년 2월 25일
초판 1쇄 발행 2021년 2월 28일

지은이 | 세움북스 편집부
펴낸이 | 강인구
펴낸곳 | 세움북스

등 록 | 제2014-000144호
주 소 | 서울시 종로구 삼일대로 428(낙원동) 낙원상가 5층 500-8호
전 화 | 02-3144-3500
팩 스 | 02-6008-5712
이메일 | cdgn@daum.net

해 설 | 김태희
교 정 | 김민철
디자인 | 참디자인

ISBN 979-11-87025-92-4 (03230)

세움북스
이해쓰기
시리즈.2

Romans

로마서
이해 쓰기

세움북스 편집부 지음

김태희 해설

성경,
하나님 나라 관점으로
이해하고 쓰기

세움북스

개론

로마서는 어떤 책인가?

관악기, 타악기, 현악기 모두가 함께 모여 연주하는 형태를 '오케스트라'라고 합니다. 그래서 오케스트라를 세상에서 가장 큰 악기라고 말하기도 합니다. 많게는 100명 정도의 연주자가 모여 하나의 오케스트라를 형성합니다. 똑같은 곡이라도 한 사람이 연주하는 것과 오케스트라가 연주하는 것은 확연히 다릅니다. 오케스트라의 곡은 훨씬 더 웅장하고 감동적입니다. 로마서도 마찬가지입니다. 로마서는 그 어떤 성경보다도 웅장하고 감동적으로 복음을 설명합니다. 66권 성경 모두가 복음을 말하지만, 복음을 제대로 이해하기 위해서는 반드시 로마서를 보아야 합니다.

로마서의 저자는 누구인가?

로마서의 저자는 바울입니다. 그 근거는 크게 세 가지입니다. 첫째, 바울이 직접 자신이 저자라고 말했습니다[1:1]. 둘째, 예루살렘 교회에 구제금을 전달한 사람은 명백히 바울입니다[15:25]. 셋째, 16장에 소개되는 사람들은 모두 바울의 동역자들입니다. 그래서 초대 교회 때부터 로마서는 바울의 저작으로 보편적으로 인정되었습니다.

로마서의 역사적 배경은 언제인가?

바울은 자신이 얼마 후 예루살렘으로 갈 것이라고 말합니다[15:25]. 따라서 로마서는 바울이 예루살렘을 방문하기 직전에 기록되었습니다. 당시 바울은 고린도에 머물렀던 것이 분명합니다. 바울은 자기대신 뵈뵈를 보낸다고 말하는데, 뵈뵈는 고린도의 항구 도시였던 겐그레아 교회의 일꾼이었기 때문입니다[16:1]. 따라서 로마서의 역사적 배경은 사도행전 20장에 묘사된 시기였던 것으로 보입니다.

로마서가 기록된 목적은 무엇인가?

바울이 로마서를 기록한 이유는 크게 세 가지입니다. 첫째, 지중해 서부 사역을 위해서입니다. 당시 바울은 지중해 동부 사역을 거의 마무리한 상태였습니다[15:23]. 그래서 지중해 서부로 떠나고자 했고, 그러려면 지중해 중심에 위치한 로마교회의 지원이 필요했습니다. 둘째, 복음을 설명하기 위해서입니다. 로마교회는 바울이 설립하지 않았습니다. 바울은 한 번도 로마교회에 복음을 설명한 적이 없습니다. 그래서 바울은 서신으로라도 복음을 설명하고자 했습니다[1:15]. 셋째, 로마교회의 하나 됨을 위해서입니다. 당시 로마교회에는 이방인과 유대인[11:18], 믿음이 강한 자와 연약한 자 사이에 갈등이 있었습니다[14:1]. 바울은 복음을 통해 로마교회의 갈등이 치유되기를 원했습니다.

로마서의 핵심 주제는 무엇인가?

로마서의 핵심 주제는 복음입니다. 바울이 설명하는 복음은 예수님입니다. 예수님을 믿음으로써 하나님 앞에서 의롭다 하심을 받을 수 있다는 것이 바울이 설명하는 복음입니다. 하지만 바울 당시의 유대인들은 예수님을 믿지 않았습니다. 그들은 예수님을 믿음으로써 의롭다 함을 얻는 대신, 율법을 행함으로써 의롭게 되려고 했습니다. 그래서 바울은 유대인들의 오해를 주로 구약 성경을 통해서 풀어 나갑니다. 그리하여 예수님만이 복음이며, 예수님만이 구원에 이르는 유일한 길이라고 말합니다.

목차

☐ 로마서 1장   9
☐ 로마서 2장   17
☐ 로마서 3장   25
☐ 로마서 4장   33
☐ 로마서 5장   39
☐ 로마서 6장   45
☐ 로마서 7장   51
☐ 로마서 8장   57
☐ 로마서 9장   65
☐ 로마서 10장   73
☐ 로마서 11장   79
☐ 로마서 12장   87
☐ 로마서 13장   93
☐ 로마서 14장   99
☐ 로마서 15장   105
☐ 로마서 16장   113

편집부 서문

"쓰기에 이해를 더하다"

한국교회에 '성경 쓰기' 열풍이 불고 있습니다. '성경 쓰기'는 코로나19 상황 속에 지쳐있는 성도들의 영성을 풍요롭게 하는 훌륭한 도구가 되고 있습니다. 그런데 과연 '쓰기'만으로 충분할까요? 뜻과 의미에 대한 이해가 부족한 '쓰기'는 뭔가 아쉬운 상황입니다. 세움북스 편집부에서 이런 아쉬움을 극복하고, 여러분의 '성경 쓰기'를 보다 더 풍요롭게 할 좋은 기획을 준비했습니다. 《세움북스 이해 쓰기 시리즈》가 그 결과물입니다. 《세움북스 이해 쓰기 시리즈》는 기존의 쓰기 책에, 이해를 돕기 위한 간략한 해설과 용어 설명을 더한 신개념 쓰기 노트입니다. 《세움북스 이해 쓰기 시리즈》를 통해 이제는 뜻과 의미를 이해하며 성경을 쓸 수 있게 되었습니다. '쓰기'가 굿(Good)이라면, '이해 쓰기'는 베스트(Best)입니다. 쓰기에 이해를 더한 새로운 개념의 《세움북스 이해 쓰기 시리즈》는 여러분의 경건생활을 보다 더 풍요롭게 합니다.

 해설자 서문

성경은 하나님의 말씀입니다. 그래서 대충 읽어서는 안 됩니다. 단어 하나도 꼼꼼하게 읽어야 합니다. 성경을 쓰는 것은 성경을 꼼꼼하게 읽는 가장 좋은 방법입니다. 성경을 쓰면 말씀이 주는 유익을 보다 풍성하게 누릴 수 있습니다. 하지만 단순히 쓰기만 해서는 성경에 담긴 하나님의 뜻을 다 이해할 수 없습니다. 특히 로마서와 같은 성경은 길잡이가 필요합니다. 그래서 이 책에는 필사자의 이해를 돕는 해설을 더했습니다. 《로마서 이해 쓰기》는 로마서의 핵심이 복음이며, 복음은 하나님의 능력이라는 관점으로 본문을 해설하고 있습니다. 역사상 가장 타락한 교회를 중세교회라고 말하곤 합니다. 타락한 중세교회를 일으켜 세운 것은 '복음'이었습니다. 루터와 칼뱅 같은 개혁자들은 복음을 잃어버린 교회에 복음을 돌려주었습니다. 그 결과 교회는 생명을 되찾을 수 있었습니다. 지금도 마찬가지입니다. 영적으로 회복되길 원한다면 로마서를 이해하고, 쓰고, 묵상하십시오. 《로마서 이해 쓰기》는 여러분의 경건 생활을 유익하게 할 훌륭한 동반자가 될 것입니다.

로마서
이해 쓰기 **활용법**

《세움북스 이해 쓰기 시리즈》는 쓰기에 이해를 더한 신개념 쓰기 시리즈입니다.
쓰기에 앞서 성경 본문의 뜻과 의미를 먼저 이해할 수 있도록 간략한 설명과 용어 해설을 담았습니다.

성경을 읽고 쓰며 느낀 점을 기록해 보세요.
쓰기의 은혜와 묵상의 풍성함이 더해집니다.

이번 장에 담긴 신학적 의미를 해설한 부분입니다. 하나님 나라의 관점으로 성경이 말하는 바를 간략하고 명확하게 정리했습니다. 쓰기에 앞서 꼭 읽고 묵상하시기 바랍니다.

『성경전서 개역개정판』 본문입니다. 천천히 읽고 쓰기를 시작해 보세요.

단어와 문장에 담긴 의미를 간략하게 해설한 부분입니다. 어렵거나 신학적으로 중요한 단어와 문장을 해설한 부분입니다. 쓰기를 진행하면서 함께 읽어 보세요. 쓰기가 더욱 풍성해 집니다.

로마서
1장

바울은 자신이 누구인지를 밝힙니다. 바울은 예수님의 종입니다[1:1]. 바울은 예수님께 매여 있으며, 예수님을 위해 사는 사람입니다. 바울은 로마교회를 방문하기 원합니다[1:10]. 복음을 전하기 위해서입니다[1:15]. 바울이 복음 전하기를 간절히 원하는 이유는, 오직 복음에만 구원의 능력이 있기 때문입니다[1:16]. 복음의 핵심은 예수님입니다. 예수님께서 우리를 위해 죽으시고 부활하신 것이 복음입니다. 복음을 믿는 자에게는 예수님의 의가 전가됩니다. 바로 이것이 "하나님의 의"입니다[1:17]. 따라서 복음을 믿지 않는 자에게는 구원도 없습니다. 유대인뿐만 아니라 헬라인도 복음을 믿어야만 구원을 얻을 수 있습니다[1:16]. 구원이 필요한 이유는 하나님의 진노 때문입니다[1:18]. 하나님은 죄인들에게 진노하고 계십니다[1:18]. 하나님의 진노는 사람들의 진노와 다릅니다. 하나님의 진노는 거룩한 분노입니다. 하나님의 진노는 인간의 죄에 대한 거룩한 반응입니다. 그런데 사람들은 회개하기는커녕 계속해서 죄를 짓습니다. 심지어 범죄자들에게 박수를 칩니다[1:32]. 따라서 하나님의 심판을 피할 수 없습니다.

1 예수 그리스도의 종 바울은 사도로 부르심을 받아 하나님의 복음을 위하여 택정함을 입었으니

2 이 복음은 하나님이 선지자들을 통하여 그의 아들에 관하여 성경에 미리 약속하신 것이라

3 그의 아들에 관하여 말하면 육신으로는 다윗의 혈통에서 나셨고

4 성결의 영으로는 죽은 자들 가운데서 부활하사 능력으로 하나님의 아들로 선포되셨으니 곧 우리 주 예수 그리스도시니라

5 그로 말미암아 우리가 은혜와 사도의 직분을 받아 그의 이름을 위하여 모든 이방인 중에서 믿어 순종하게 하나니

6 너희도 그들 중에서 예수 그리스도의 것으로 부르심을 받은 자니라

7 로마에서 하나님의 사랑하심을 받고 성도로 부르심을 받은 모든 자에게 하나님 우리 아버지와 주 예수 그리스도로부터 은혜와 평강이 있기를 원하노라

8 먼저 내가 예수 그리스도로 말미암아 너희 모든 사람에 관하여 내 하나님께 감사함은 너희 믿음이 온 세상에 전파됨이로다

9 내가 그의 아들의 복음 안에서 내 심령으로 섬기는 하나님이 나의 증인이 되시거니와 항상 내 기도에 쉬지 않고 너희를 말하며

10 어떻게 하든지 이제 하나님의 뜻 안에서 너희에게로 나아갈 좋은 길 얻기를 구하노라

11 내가 너희 보기를 간절히 원하는 것은 어떤 신령한 은사를 너희에게 나누어 주어 너희를 견고하게 하려 함이니

12 이는 곧 내가 너희 가운데서 너희와 나의 믿음으로 말미암아 피차 안위함을 얻으려 함이라

13 형제들아 내가 여러 번 너희에게 가고자 한 것을 너희가 모르기를 원하지 아니하노니 이는 너희 중에서도 다른 이방인 중에서와 같이 열매를 맺게 하려 함이로되 지금까지 길이 막혔도다

사도로 부르심을 받아 [1:1] 예수님께 직접 택하심을 받고, 보내심을 받은 자를 사도라고 합니다. 예수님은 12명의 제자를 사도로 선택하셨습니다. 이후에 가룟 유다가 탈락하고, 맛디아가 그 자리를 채웠습니다(행 1:26). 바울은 부활하신 주님에게 사도로 부르심을 받았습니다.

부활하사 능력으로 하나님의 아들로 선포되셨으니 [1:4] 예수님은 당신이 하나님의 아들이라고 말씀하셨습니다. 사람들은 예수님

이 거짓말쟁이라고 생각했습니다. 예수님은 부활을 통해 당신의 말이 진리임을 입증하셨습니다.

믿어 순종하게 하나니 [1:5] 순종은 믿음의 열매입니다. 예수님을 믿는다고 하면서, 예수님께 불순종할 수는 없습니다.

성도로 부르심을 받은 [1:7] 성도란 거룩한 사람을 뜻합니다. 거룩은 구별되었다는 뜻입니다. 하나님은 우리를 세상과 구별된 사람으로 부르셨습니다.

14 헬라인이나 야만인이나 지혜 있는 자나 어리석은 자에게 다 내가 빚진 자라

15 그러므로 나는 할 수 있는 대로 로마에 있는 너희에게도 복음 전하기를 원하노라

16 내가 복음을 부끄러워하지 아니하노니 이 복음은 모든 믿는 자에게 구원을 주시는 하나님의 능력이 됨이라 먼저는 유대인에게요 그리고 헬라인에게로다

17 복음에는 하나님의 의가 나타나서 믿음으로 믿음에 이르게 하나니 기록된 바 오직 의인은 믿음으로 말미암아 살리라 함과 같으니라

18 하나님의 진노가 불의로 진리를 막는 사람들의 모든 경건하지 않음과 불의에 대하여 하늘로부터 나타나나니

19 이는 하나님을 알 만한 것이 그들 속에 보임이라 하나님께서 이를 그들에게 보이셨느니라

20 창세로부터 그의 보이지 아니하는 것들 곧 그의 영원하신 능력과 신성이 그가 만드신 만물에 분명히 보여 알려졌나니 그러므로 그들이 핑계하지 못할지니라

21 하나님을 알되 하나님을 영화롭게도 아니하며 감사하지도 아니하고 오히려 그 생각이 허망하여지며 미련한 마음이 어두워졌나니

22 스스로 지혜 있다 하나 어리석게 되어

23 썩어지지 아니하는 하나님의 영광을 썩어질 사람과 새와 짐승과 기어다니는 동물 모양의 우상으로 바꾸었느니라

24 그러므로 하나님께서 그들을 마음의 정욕대로 더러움에 내버려 두사 그들의 몸을 서로 욕되게 하게 하셨으니

25 이는 그들이 하나님의 진리를 거짓 것으로 바꾸어 피조물을 조물주보다 더 경배하고 섬김이라 주는 곧 영원히 찬송할 이시로다 아멘

복음 전하기를 원하노라 [1:15] 복음이란 좋은 소식입니다. 복음의 핵심은 예수님입니다. 누구든지 예수님을 믿으면 구원을 얻는다는 것이 복음이요 좋은 소식입니다.

믿는 자에게 구원을 주시는 [1:16] 구원은 예수님을 믿는 자에게 주어지는 하나님의 선물입니다.

하나님의 의 [1:17] 예수님을 믿는 자에게 전가되는 예수님의 의를 말합니다. 우리는 선행이 아니라 믿음을 통해서 하나님 앞에서 의로운 자가 될 수 있습니다.

하나님을 알 만한 것이 [1:19] 자연 만물은 아름답습니다. 질서와 체계가 있습니다. 자연 만물은 전능하신 창조주가 계심을 우리에게 알려 줍니다.

더러움에 내버려 두사 [1:24] 하나님은 불신자들을 죄 가운데 내버려 두셨습니다. 죄는 불신자들의 삶을 지배하고 있습니다.

26 이 때문에 하나님께서 그들을 부끄러운 욕심에 내버려 두셨으니 곧 그들의 여자들도 순리대로 쓸 것을 바꾸어 역리로 쓰며

27 그와 같이 남자들도 순리대로 여자 쓰기를 버리고 서로 향하여 음욕이 불 일듯 하매 남자가 남자와 더불어 부끄러운 일을 행하여 그들의 그릇됨에 상당한 보응을 그들 자신이 받았느니라

28 또한 그들이 마음에 하나님 두기를 싫어하매 하나님께서 그들을 그 상실한 마음대로 내버려 두사 합당하지 못한 일을 하게 하셨으니

29 곧 모든 불의, 추악, 탐욕, 악의가 가득한 자요 시기, 살인, 분쟁, 사기, 악독이 가득한 자요 수군수군하는 자요

30 비방하는 자요 하나님께서 미워하시는 자요 능욕하는 자요 교만한 자요 자랑하는 자요 악을 도모하는 자요 부모를 거역하는 자요

31 우매한 자요 배약하는 자요 무정한 자요 무자비한 자라

32 그들이 이 같은 일을 행하는 자는 사형에 해당한다고 하나님께서 정하심을 알고도 자기들만 행할 뿐 아니라 또한 그런 일을 행하는 자들을 옳다 하느니라

순리대로 쓸 것을 바꾸어 역리로 쓰며 [1:26] 동성애를 의미합니다. 동성애는 하나님의 창조 질서를 거스르는 죄악입니다.

나의 묵상

나의 묵상

로마서
2장

앞에서 바울은 하나님의 진노를 말했습니다[1:18]. 모든 사람이 죄를 지었으므로, 모든 사람이 하나님의 진노 아래 있다고 말했습니다. 그런데 유대인들은 다르게 생각했습니다. 유대인들은 자신들이 하나님의 심판과 상관없다고 믿었습니다[2:3]. 유대인들이 그렇게 믿었던 이유는 크게 두 가지입니다. 율법과 할례입니다. 유대인들은 이방인들이 가지고 있지 않았던 율법을 가지고 있었습니다. 유대인들은 이방인들이 행하지 않았던 할례를 행했습니다. 그래서 유대인들은 이방인들은 심판을 받을지라도, 자신들은 심판을 받지 않는다고 믿었습니다. 하지만 하나님의 뜻은 달랐습니다. 하나님의 뜻은 율법을 행하는 것이지 율법을 소유하는 것이 아니었습니다[2:13]. 하나님의 뜻은 할례를 통해 마음을 바꾸는 것이지 겉모습만 바꾸는 것이 아니었습니다[2:29].

1 그러므로 남을 판단하는 사람아, 누구를 막론하고 네가 핑계하지 못할 것은 남을 판단하는 것으로 네가 너를 정죄함이니 판단하는 네가 같은 일을 행함이니라

2 이런 일을 행하는 자에게 하나님의 심판이 진리대로 되는 줄 우리가 아노라

3 이런 일을 행하는 자를 판단하고도 같은 일을 행하는 사람아, 네가 하나님의 심판을 피할 줄로 생각하느냐

4 혹 네가 하나님의 인자하심이 너를 인도하여 회개하게 하심을 알지 못하여 그의 인자하심과 용납하심과 길이 참으심이 풍성함을 멸시하느냐

5 다만 네 고집과 회개하지 아니한 마음을 따라 진노의 날 곧 하나님의 의로우신 심판이 나타나는 그날에 임할 진노를 네게 쌓는도다

6 하나님께서 각 사람에게 그 행한 대로 보응하시되

7 참고 선을 행하여 영광과 존귀와 썩지 아니함을 구하는 자에게는 영생으로 하시고

8 오직 당을 지어 진리를 따르지 아니하고 불의를 따르는 자에게는 진노와 분노로 하시리라

9 악을 행하는 각 사람의 영에는 환난과 곤고가 있으리니 먼저는 유대인에게요 그리고 헬라인에게며

10 선을 행하는 각 사람에게는 영광과 존귀와 평강이 있으리니 먼저는 유대인에게요 그리고 헬라인에게라

11 이는 하나님께서 외모로 사람을 취하지 아니하심이라

그러므로 남을 판단하는 사람아 [2:1] 유대인들을 나타내는 표현입니다. 유대인들은 특권 의식을 가지고 남을 쉽게 판단했습니다. 앞에서 바울은 모든 사람이 하나님의 진노 아래 있다고 말했습니다(1:18). 유대인들은 자신들이 하나님의 진노와 상관없다고 생각했습니다.

네가 같은 일을 행함이니라 [2:1] 유대인들은 자신들이 하나님의 진노와 상관없다고 생각했지만, 실제로는 진노의 대상이었습니다. 이방인들처럼 율법에 불순종했기 때문입니다.

멸시하느냐 [2:4] 유대인들은 하나님께 불순종하면서도 자신들이 하나님의 백성이라고 여겼습니다. 이것은 하나님을 멸시하는 행위였

습니다.

행한 대로 보응하시되 [2:6] 바울은 행위 구원을 말하고 있지 않습니다. 지금 바울은 구원의 기준이 아니라 심판의 기준을 설명하고 있습니다. 구원의 기준은 은혜이지만, 심판의 기준은 행위입니다.[1]

먼저는 유대인에게요 그리고 헬라인에게라 [2:10] 유대인들은 아브라함의 후손입니다. 하나님은 유대인들을 당신의 백성으로 부르셨습니다. 유대인들이 먼저 부름을 받았지만, 유대인들만 하나님의 백성은 아닙니다. 이제 예수님을 믿는 자는 누구나 하나님의 백성입니다.

12 무릇 율법 없이 범죄한 자는 또한 율법 없이 망하고 무릇 율법이 있고 범죄한 자는 율법으로 말미암아 심판을 받으리라

13 하나님 앞에서는 율법을 듣는 자가 의인이 아니요 오직 율법을 행하는 자라야 의롭다 하심을 얻으리니

14 (율법 없는 이방인이 본성으로 율법의 일을 행할 때에는 이 사람은 율법이 없어도 자기가 자기에게 율법이 되나니

15 이런 이들은 그 양심이 증거가 되어 그 생각들이 서로 혹은 고발하며 혹은 변명하여 그 마음에 새긴 율법의 행위를 나타내느니라)

16 곧 나의 복음에 이른 바와 같이 하나님이 예수 그리스도로 말미암아 사람들의 은밀한 것을 심판하시는 그날이라

17 유대인이라 불리는 네가 율법을 의지하며 하나님을 자랑하며

18 율법의 교훈을 받아 하나님의 뜻을 알고 지극히 선한 것을 분간하며

19 맹인의 길을 인도하는 자요 어둠에 있는 자의 빛이요

20 율법에 있는 지식과 진리의 모본을 가진 자로서 어리석은 자의 교사요 어린아이의 선생이라고 스스로 믿으니

21 그러면 다른 사람을 가르치는 네가 네 자신은 가르치지 아니하느냐 도둑질하지 말라 선포하는 네가 도둑질하느냐

22 간음하지 말라 말하는 네가 간음하느냐 우상을 가증히 여기는 네가 신전 물건을 도둑질하느냐

23 율법을 자랑하는 네가 율법을 범함으로 하나님을 욕되게 하느냐

24 기록된 바와 같이 하나님의 이름이 너희 때문에 이방인 중에서 모독을 받는도다

율법으로 말미암아 심판을 받으리라 [2:12] 바울의 요지는 율법을 지키면 구원을 받는다는 것이 아닙니다. 아무도 율법을 다 지킬 수 없으므로, 결국은 모든 사람이 심판을 받는다는 것입니다.

은밀한 것을 심판하시는 그날이라 [2:16] 장차 예수님은 심판하는 권세를 가지고 오실 것입니다. 예수님 앞에서 모든 죄가 드러날 것

입니다. 은밀한 죄도 마찬가지입니다.

네가 율법을 의지하며 [2:17] 유대인들은 율법을 가지고 있으므로 구원도 가지고 있다고 생각했습니다. 하지만 유대인들은 율법을 가지고 있었을 뿐, 행하지는 않았습니다. 따라서 유대인들도 구원이 필요한 죄인에 불과했습니다.

25 네가 율법을 행하면 할례가 유익하나 만일 율법을 범하면 네 할례는 무할례가 되느니라

26 그런즉 무할례자가 율법의 규례를 지키면 그 무할례를 할례와 같이 여길 것이 아니냐

27 또한 본래 무할례자가 율법을 온전히 지키면 율법 조문과 할례를 가지고 율법을 범하는 너를 정죄하지 아니하겠느냐

28 무릇 표면적 유대인이 유대인이 아니요 표면적 육신의 할례가 할례가 아니니라

29 오직 이면적 유대인이 유대인이며 할례는 마음에 할지니 영에 있고 율법 조문에 있지 아니한 것이라 그 칭찬이 사람에게서가 아니요 다만 하나님에게서니라

율법을 행하면 할례가 유익하나 [2:25] 할례는 남성의 생식기 일부를 잘라 내어 흔적을 남기는 행위입니다. 유대인들은 그 흔적을 볼 때마다 자신들이 하나님께 순종해야 하는 하나님의 백성임을 생각해야 했습니다.

네 할례는 무할례가 되느니라 [2:25] 유대인들은 할례를 받았으므로 구원도 받았다고 생각했습니다. 하지만 유대인들은 할례를 통해 외면을 바꾸었을 뿐, 내면을 바꾸지는 않았습니다. 따라서 유대인들도 구원이 필요한 죄인에 불과했습니다.

나의 묵상

로마서
3장

구원과 관련하여 유대인들의 특권은 없습니다. 유대인들도 이방인들과 마찬가지로 죄인입니다. 유대인들도 이방인들처럼 예수님을 믿어야 합니다. 그러면 유대인들은 이렇게 질문할 수 있었습니다. "그렇다면 유대인의 특권은 전혀 없다는 말입니까?"[3:1] 이에 바울은 다음과 같이 대답합니다. "있습니다. 하나님의 말씀을 먼저 받은 것입니다."[3:2] 유대인들은 이방인들보다 하나님의 말씀을 먼저 받았습니다. 그래서 유대인들은 하나님의 뜻을 누구보다 먼저 알 수 있었습니다. 바로 이것이 유대인들의 특권이었습니다. 이제 바울은 율법을 설명합니다[3:19]. 유대인들이 율법을 오해하고 있었기 때문입니다. 유대인들은 율법으로 구원을 얻을 수 있다고 생각했습니다. 하지만 율법으로는 구원을 얻을 수 없습니다[3:20]. 사람이 타락했기 때문입니다. 타락하기 전에는 율법을 모두 지키는 것이 가능했습니다. 하지만 타락한 이후로는 불가능합니다. 따라서 하나님 앞에서 의롭다 하심을 받는 길은 하나밖에 없습니다[3:21]. 예수님을 믿는 것입니다[3:22]. 타락 이전에는 율법으로 의로워질 수 있었지만, "이제는"[3:21] 예수님을 믿는 것만이 의로워지는 길입니다.

1 그런즉 유대인의 나음이 무엇이며 할례의 유익이 무엇이냐

2 범사에 많으니 우선은 그들이 하나님의 말씀을 맡았음이니라

3 어떤 자들이 믿지 아니하였으면 어찌하리요 그 믿지 아니함이 하나님의 미쁘심을 폐하겠느냐

4 그럴 수 없느니라 사람은 다 거짓되되 오직 하나님은 참되시다 할지어다 기록된 바 주께서 주
의 말씀에 의롭다 함을 얻으시고 판단받으실 때에 이기려 하심이라 함과 같으니라

5 그러나 우리 불의가 하나님의 의를 드러나게 하면 무슨 말 하리요 [내가 사람의 말하는 대로
말하노니] 진노를 내리시는 하나님이 불의하시냐

6 결코 그렇지 아니하니라 만일 그러하면 하나님께서 어찌 세상을 심판하시리요

7 그러나 나의 거짓말로 하나님의 참되심이 더 풍성하여 그의 영광이 되었다면 어찌 내가 죄인
처럼 심판을 받으리요

8 또는 그러면 선을 이루기 위하여 악을 행하자 하지 않겠느냐 어떤 이들이 이렇게 비방하여 우
리가 이런 말을 한다고 하니 그들은 정죄받는 것이 마땅하니라

9 그러면 어떠하냐 우리는 나으냐 결코 아니라 유대인이나 헬라인이나 다 죄 아래에 있다고 우
리가 이미 선언하였느니라

10 기록된 바 의인은 없나니 하나도 없으며

11 깨닫는 자도 없고 하나님을 찾는 자도 없고

12 다 치우쳐 함께 무익하게 되고 선을 행하는 자는 없나니 하나도 없도다

13 그들의 목구멍은 열린 무덤이요 그 혀로는 속임을 일삼으며 그 입술에는 독사의 독이 있고

14 그 입에는 저주와 악독이 가득하고

15 그 발은 피 흘리는 데 빠른지라

유대인의 나음이 무엇이며 [3:1] 유대인들의 특권이 무엇이냐는
질문입니다. 그 답은 "하나님의 말씀"입니다(3:2). 유대인들은 이방인
들보다 하나님의 말씀을 먼저 받았습니다. 그래서 하나님의 뜻을 먼
저 알 수 있었습니다.

유대인이나 헬라인이나 다 죄 아래에 있다 [3:9] 구원에 관하여
유대인들의 특권은 없습니다. 유대인들도 이방인들과 마찬가지로 죄
인입니다. 유대인들도 구원받기 위해서는 예수님을 믿어야 합니다.

의인은 없나니 하나도 없으며 [3:10] 스스로의 능력으로 구원을
이룰 수 있는 사람은 없다는 뜻입니다.

16 파멸과 고생이 그 길에 있어

17 평강의 길을 알지 못하였고

18 그들의 눈앞에 하나님을 두려워함이 없느니라 함과 같으니라

19 우리가 알거니와 무릇 율법이 말하는 바는 율법 아래에 있는 자들에게 말하는 것이니 이는 모든 입을 막고 온 세상으로 하나님의 심판 아래에 있게 하려 함이라

20 그러므로 율법의 행위로 그의 앞에 의롭다 하심을 얻을 육체가 없나니 율법으로는 죄를 깨달음이니라

21 이제는 율법 외에 하나님의 한 의가 나타났으니 율법과 선지자들에게 증거를 받은 것이라

22 곧 예수 그리스도를 믿음으로 말미암아 모든 믿는 자에게 미치는 하나님의 의니 차별이 없느니라

23 모든 사람이 죄를 범하였으매 하나님의 영광에 이르지 못하더니

24 그리스도 예수 안에 있는 속량으로 말미암아 하나님의 은혜로 값없이 의롭다 하심을 얻은 자 되었느니라

25 이 예수를 하나님이 그의 피로써 믿음으로 말미암는 화목 제물로 세우셨으니 이는 하나님께서 길이 참으시는 중에 전에 지은 죄를 간과하심으로 자기의 의로우심을 나타내려 하심이니

26 곧 이때에 자기의 의로우심을 나타내사 자기도 의로우시며 또한 예수 믿는 자를 의롭다 하려 하심이라

율법으로는 죄를 깨달음이니라 [3:20] 타락한 인간은 율법을 다 지킬 수 없고, 따라서 율법으로 구원을 얻을 수도 없습니다. 율법은 우리가 죄인임을 일깨워 줄 뿐입니다.

이제는 [3:21] 구원 역사의 새로운 장이 시작되었다는 뜻입니다.

하나님의 한 의 [3:21] 예수님을 믿음으로써 얻는 의를 말합니다.

믿는 자에게 미치는 하나님의 의 [3:22] 하나님께 의롭다는 인정을 받기 위해서는 예수님을 믿어야 합니다.

하나님의 영광에 이르지 못하더니 [3:23] 자신의 능력으로 하나님과 바른 관계를 가질 수 있는 사람은 없습니다.

속량 [3:24] 속량으로 번역된 헬라어 '아폴뤼트로시스'는 노예의 몸값을 의미합니다. 예수님은 당신의 죽음으로 값을 치러 죄의 노예였던 우리를 구원하셨습니다.

하나님이 그의 피로써 [3:25] 하나님께서 형벌을 내리지 않고도 우리를 용서하신 것은, 예수님께서 우리 대신 형벌을 받으셨기 때문입니다.

화목 제물 [3:25] 하나님께 죄를 용서받기 위해 드렸던 희생 제물

자기도 의로우시며 [3:26] 대가 없이 우리를 용서하셨다면 하나님의 공의가 손상되었을 것입니다. 하나님은 독생자가 우리 대신 죗값을 치르게 하셔서 당신의 의로움을 나타내셨습니다.

27 그런즉 자랑할 데가 어디냐 있을 수가 없느니라 무슨 법으로냐 행위로냐 아니라 오직 믿음의 법으로니라

28 그러므로 사람이 의롭다 하심을 얻는 것은 율법의 행위에 있지 않고 믿음으로 되는 줄 우리가 인정하노라

29 하나님은 다만 유대인의 하나님이시냐 또한 이방인의 하나님은 아니시냐 진실로 이방인의 하나님도 되시느니라

30 할례자도 믿음으로 말미암아 또한 무할례자도 믿음으로 말미암아 의롭다 하실 하나님은 한 분이시니라

31 그런즉 우리가 믿음으로 말미암아 율법을 파기하느냐 그럴 수 없느니라 도리어 율법을 굳게 세우느니라

나의 묵상

로마서
4장

유대인들은 율법과 할례를 통해서 의롭다 하심을 얻을 수 있다고 믿었습니다. 이에 바울은 아브라함의 사례를 통해서 유대인들을 설득하고자 합니다. 아브라함은 유대인들의 영적인 조상입니다. 만약 아브라함의 삶이 믿음으로 의롭다 하심을 보여 준다면, 유대인들도 수긍할 수밖에 없습니다. 아브라함은 행위를 통해 의롭다 하심을 얻지 않았습니다[4:2]. 아브라함은 믿음을 통해 의롭다 하심을 얻었습니다[4:3]. 이른바 '이신칭의'입니다. 이처럼 이신칭의는 바울의 개인적인 주장이 아닙니다. 신구약 성경 모두가 이신칭의를 말합니다. 하나님은 언제나 믿음을 통해서 의롭다고 하십니다. 마찬가지로 아브라함은 할례를 통해 의롭다 하심을 얻지 않았습니다[4:10]. 하나님은 아브라함이 할례를 행하기 전에 이미 그를 의롭다고 하셨습니다.

1 그런즉 육신으로 우리 조상인 아브라함이 무엇을 얻었다 하리요

2 만일 아브라함이 행위로써 의롭다 하심을 받았으면 자랑할 것이 있으려니와 하나님 앞에서는 없느니라

3 성경이 무엇을 말하느냐 아브라함이 하나님을 믿으매 그것이 그에게 의로 여겨진 바 되었느니라

4 일하는 자에게는 그 삯이 은혜로 여겨지지 아니하고 보수로 여겨지거니와

5 일을 아니할지라도 경건하지 아니한 자를 의롭다 하시는 이를 믿는 자에게는 그의 믿음을 의로 여기시나니

6 일한 것이 없이 하나님께 의로 여기심을 받는 사람의 복에 대하여 다윗이 말한바

7 불법이 사함을 받고 죄가 가리어짐을 받는 사람들은 복이 있고

8 주께서 그 죄를 인정하지 아니하실 사람은 복이 있도다 함과 같으니라

9 그런즉 이 복이 할례자에게냐 혹은 무할례자에게도냐 무릇 우리가 말하기를 아브라함에게는 그 믿음이 의로 여겨졌다 하노라

10 그런즉 그것이 어떻게 여겨졌느냐 할례시냐 무할례 시냐 할례 시가 아니요 무할례 시니라

11 그가 할례의 표를 받은 것은 무할례 시에 믿음으로 된 의를 인친 것이니 이는 무할례자로서 믿는 모든 자의 조상이 되어 그들도 의로 여기심을 얻게 하려 하심이라

12 또한 할례자의 조상이 되었나니 곧 할례받을 자에게뿐 아니라 우리 조상 아브라함이 무할례 시에 가졌던 믿음의 자취를 따르는 자들에게도 그러하니라

하나님 앞에서는 없느니라 [4:2] 아브라함은 하나님 앞에서 자랑할 것이 전혀 없었습니다. 행위가 아니라 믿음으로 의롭다 하심을 얻었기 때문입니다.

아브라함이 하나님을 믿으매 [4:3] 믿음으로 의롭다 하심을 받는 것은 전혀 새로운 일이 아닙니다. 유대인들의 조상인 아브라함도 행위가 아니라 믿음으로 의롭다 하심을 받았습니다.

보수로 여겨지거니와 [4:4] 아브라함이 의롭다 하심을 받은 것은, 그의 행위에 대한 보상이 아니었습니다. 하나님은 아브라함의 믿음을 보시고 그를 의롭다고 하셨습니다.

일한 것이 없이 [4:6] 우리가 의롭다 하심을 받는 것은, 우리가 어떤 일을 했기 때문이 아닙니다. 우리는 예수님께서 행하신 일 때문에 의롭다 하심을 받습니다.

할례시가 아니요 무할례 시니라 [4:10] 유대인들은 할례를 행해야만 의롭다 하심을 받을 수 있다고 주장했습니다. 하지만 아브라함이 의롭다 하심을 받은 것은 할례를 행하기 전이었습니다.

13 아브라함이나 그 후손에게 세상의 상속자가 되리라고 하신 언약은 율법으로 말미암은 것이 아니요 오직 믿음의 의로 말미암은 것이니라

14 만일 율법에 속한 자들이 상속자이면 믿음은 헛것이 되고 약속은 파기되었느니라

15 율법은 진노를 이루게 하나니 율법이 없는 곳에는 범법도 없느니라

16 그러므로 상속자가 되는 그것이 은혜에 속하기 위하여 믿음으로 되나니 이는 그 약속을 그 모든 후손에게 굳게 하려 하심이라 율법에 속한 자에게뿐만 아니라 아브라함의 믿음에 속한 자에게도 그러하니 아브라함은 우리 모든 사람의 조상이라

17 기록된 바 내가 너를 많은 민족의 조상으로 세웠다 하심과 같으니 그가 믿은 바 하나님은 죽은 자를 살리시며 없는 것을 있는 것으로 부르시는 이시니라

18 아브라함이 바랄 수 없는 중에 바라고 믿었으니 이는 네 후손이 이 같으리라 하신 말씀대로 많은 민족의 조상이 되게 하려 하심이라

19 그가 백 세나 되어 자기 몸이 죽은 것 같고 사라의 태가 죽은 것 같음을 알고도 믿음이 약하여지지 아니하고

20 믿음이 없어 하나님의 약속을 의심하지 않고 믿음으로 견고하여져서 하나님께 영광을 돌리며

21 약속하신 그것을 또한 능히 이루실 줄을 확신하였으니

22 그러므로 그것이 그에게 의로 여겨졌느니라

23 그에게 의로 여겨졌다 기록된 것은 아브라함만 위한 것이 아니요

24 의로 여기심을 받을 우리도 위함이니 곧 예수 우리 주를 죽은 자 가운데서 살리신 이를 믿는 자니라

25 예수는 우리가 범죄한 것 때문에 내줌이 되고 또한 우리를 의롭다 하시기 위하여 살아나셨느니라

세상의 상속자가 되리라고 하신 언약 [4:13] 여기서 세상은 '다음 세상'을 의미합니다. 따라서 세상의 상속자가 된다는 것은 최종적인 구원을 의미합니다. 2

율법이 없는 곳에는 범법도 없느니라 [4:15] 율법이 없으면 자신의 죄를 알 수 없다는 뜻으로, 율법의 기능을 보여 주는 표현입니다. 율법의 기능은 우리를 의롭게 하는 것이 아니라, 우리가 죄인임을 깨우쳐 그리스도를 믿게 하는 것입니다.

은혜에 속하기 위하여 믿음으로 되나니 [4:16] 믿음을 통해서 의롭다고 하시는 이유는, 구원을 은혜로 주시기 위해서입니다. 행위로 얻는 구원은 은혜가 아닙니다.

그 약속을 그 모든 후손에게 굳게 하려 하심이라 [4:16] 하나님께서 아브라함과 그의 후손들을 구원하겠다고 하신 약속은 반드시 이루어질 것입니다. 하나님께서 행위가 아니라 믿음을 보시고 구원하시기 때문입니다.

나의 묵상

로마서
5장

바울은 5장 전반부에서[1-11] 믿음으로 의롭다 하심을 받은 결과를 설명합니다. 첫째, 화평입니다[5:1]. 원래 우리는 하나님의 진노의 대상이었습니다. 하지만 이제는 진노 대신 화평이 있습니다. 둘째, 영광입니다[5:2]. 원래 우리는 하나님의 영광에서 멀어져 있었습니다[3:23]. 하지만 이제는 하나님의 영광을 소망합니다. 셋째, 즐거움입니다[5:3]. 원래 우리는 환난 때문에 괴로워했습니다. 하지만 이제는 환난 중에도 즐거워합니다. 넷째, 사랑입니다[5:5]. 원래 우리는 하나님의 심판을 두려워했습니다. 하지만 이제는 두려움 대신 사랑을 느낍니다. 바울은 5장 후반부에서 대표성의 원리를 설명합니다[12-21]. 한 사람의 행동이 그에게 속한 모든 사람에게 영향을 미칠 때, 그를 대표라고 합니다. 예를 들어 국가 지도자가 맺은 조약은 모든 국민에게 영향을 미칩니다. 그가 국가의 대표이기 때문입니다. 마찬가지 원리로 아담의 행동은 모든 인류에게 영향을 미쳤습니다[5:12]. 그가 모든 인류의 대표이기 때문입니다. 모든 인류는 아담 안에서 범죄하였고, 아담과 함께 타락하였습니다. 하지만 우리의 대표는 예수님입니다[5:17]. 우리는 아담이 아니라 예수님과 연대하고 있습니다. 그래서 우리에게는 아담의 원죄가 아니라 예수님의 의가 전가되어 있습니다. 우리는 사망의 종이 아니라 예수님의 종입니다.

1 그러므로 우리가 믿음으로 의롭다 하심을 받았으니 우리 주 예수 그리스도로 말미암아 하나님과 화평을 누리자

2 또한 그로 말미암아 우리가 믿음으로 서 있는 이 은혜에 들어감을 얻었으며 하나님의 영광을 바라고 즐거워하느니라

3 다만 이뿐 아니라 우리가 환난 중에도 즐거워하나니 이는 환난은 인내를,

4 인내는 연단을, 연단은 소망을 이루는 줄 앎이로다

5 소망이 우리를 부끄럽게 하지 아니함은 우리에게 주신 성령으로 말미암아 하나님의 사랑이 우리 마음에 부은 바 됨이니

6 우리가 아직 연약할 때에 기약대로 그리스도께서 경건하지 않은 자를 위하여 죽으셨도다

7 의인을 위하여 죽는 자가 쉽지 않고 선인을 위하여 용감히 죽는 자가 혹 있거니와

8 우리가 아직 죄인 되었을 때에 그리스도께서 우리를 위하여 죽으심으로 하나님께서 우리에 대한 자기의 사랑을 확증하셨느니라

9 그러면 이제 우리가 그의 피로 말미암아 의롭다 하심을 받았으니 더욱 그로 말미암아 진노하심에서 구원을 받을 것이니

10 곧 우리가 원수 되었을 때에 그의 아들의 죽으심으로 말미암아 하나님과 화목하게 되었은즉 화목하게 된 자로서는 더욱 그의 살아나심으로 말미암아 구원을 받을 것이니라

11 그뿐 아니라 이제 우리로 화목하게 하신 우리 주 예수 그리스도로 말미암아 하나님 안에서 또한 즐거워하느니라

믿음으로 의롭다 하심을 받았으니 [5:1] 실제로 의로우신 분은 예수님밖에 없습니다. 우리가 예수님을 믿을 때 예수님의 의가 우리에게 전가됩니다. 하나님은 우리에게 전가된 예수님의 의를 보시고 우리를 의롭다고 하십니다.

환난 중에도 즐거워하나니 [5:3] 세상에 우연은 없습니다. 환난도 마찬가지입니다. 환난에도 하나님의 뜻이 있습니다. 이 사실을 믿는 사람은 환난 중에도 즐거워할 수 있습니다.

우리가 아직 죄인 되었을 때에 [5:8] 우리가 의롭기 때문에 하나님의 사랑을 받은 것이 아닙니다. 하나님께서 우리를 사랑하셨기에 의롭다 하심을 받은 것입니다.

더욱 그로 말미암아 [5:9] 우리가 죄인일 때도 하나님께서 우리를 사랑하셨다면, 이제 의롭다 하심을 받은 이후에는 하나님께서 더욱 우리를 사랑하신다는 뜻입니다. 따라서 우리의 구원은 최종적이고 확정적입니다.

하나님과 화목하게 되었은즉 [5:10] 하나님과 인류 사이에는 적대감이 있습니다. 죄 때문입니다. 하지만 하나님과 우리 사이에는 적대감이 없습니다. 예수님께서 당신의 피로써 우리의 죄를 해결하셨기 때문입니다.

12 그러므로 한 사람으로 말미암아 죄가 세상에 들어오고 죄로 말미암아 사망이 들어왔나니 이와 같이 모든 사람이 죄를 지었으므로 사망이 모든 사람에게 이르렀느니라

13 죄가 율법 있기 전에도 세상에 있었으나 율법이 없을 때에는 죄를 죄로 여기지 아니하였느니라

14 그러나 아담으로부터 모세까지 아담의 범죄와 같은 죄를 짓지 아니한 자들까지도 사망이 왕 노릇 하였나니 아담은 오실 자의 모형이라

15 그러나 이 은사는 그 범죄와 같지 아니하니 곧 한 사람의 범죄를 인하여 많은 사람이 죽었은즉 더욱 하나님의 은혜와 또한 한 사람 예수 그리스도의 은혜로 말미암은 선물은 많은 사람에게 넘쳤느니라

16 또 이 선물은 범죄한 한 사람으로 말미암은 것과 같지 아니하니 심판은 한 사람으로 말미암아 정죄에 이르렀으나 은사는 많은 범죄로 말미암아 의롭다 하심에 이름이니라

17 한 사람의 범죄로 말미암아 사망이 그 한 사람을 통하여 왕 노릇 하였은즉 더욱 은혜와 의의 선물을 넘치게 받는 자들은 한 분 예수 그리스도를 통하여 생명 안에서 왕 노릇 하리로다

18 그런즉 한 범죄로 많은 사람이 정죄에 이른 것같이 한 의로운 행위로 말미암아 많은 사람이 의롭다 하심을 받아 생명에 이르렀느니라

19 한 사람이 순종하지 아니함으로 많은 사람이 죄인 된 것같이 한 사람이 순종하심으로 많은 사람이 의인이 되리라

20 율법이 들어온 것은 범죄를 더하게 하려 함이라 그러나 죄가 더한 곳에 은혜가 더욱 넘쳤나니

21 이는 죄가 사망 안에서 왕 노릇 한 것같이 은혜도 또한 의로 말미암아 왕 노릇 하여 우리 주 예수 그리스도로 말미암아 영생에 이르게 하려 함이라

한 사람으로 말미암아 죄가 세상에 들어오고 [5:12] '한 사람' 은 아담을 의미합니다.

모든 사람이 죄를 지었으므로 [5:12] 국가의 수장끼리 맺은 조약은 모든 국민에게 영향을 미칩니다. 그들이 국가의 대표이기 때문입니다. 마찬가지로 아담의 범죄는 모든 인류에게 영향을 미칩니다. 그가 모든 인류의 대표이기 때문입니다. 그래서 아담이 범죄할 때 모든 인류도 함께 범죄한 것이고, 아담이 타락할 때 모든 인류도 함께 타락했습니다.

아담은 오실 자의 모형이라 [5:14] 아담은 예수님의 모형입니다. 아담이 모든 인류의 대표였던 것처럼, 예수님은 모든 신자들의 대표이십니다.

이 은사는 그 범죄와 같지 아니하니 [5:15] 같은 대표지만 결과는 전혀 다릅니다. 아담은 죽음을 가져다주었지만, 예수님은 생명을 가지고 오셨습니다.

나의 묵상

로마서
6장

우리는 율법을 지킴으로써가 아니라, 예수님을 믿음으로써 구원을 얻습니다. 그래서 우리의 구원은 오직 은혜입니다. 바울은 이것을 두고 "죄가 더한 곳에 은혜가 더욱" 넘쳤다고 말했습니다[5:20]. 그런데 바울의 가르침을 오해하는 사람들이 있었습니다. 어떤 사람들은 바울의 가르침을 무절제한 삶을 허용하는 것처럼 생각했습니다. 그래서 바울은 다음과 같이 말합니다. "그럴 수 없느니라"[6:2]. 오직 은혜로 구원을 얻는다고 해서 불순종하는 삶을 사는 것은 있을 수 없다는 뜻입니다. 그 이유는 다음과 같습니다. 첫째, 신자는 죄에 대하여 죽은 사람이기 때문입니다[6:2]. 신자는 죄의 지배를 받는 사람이 아니라 예수님의 지배를 받는 사람입니다. 둘째, 신자는 예수님과 연합했기 때문입니다[6:3]. 신자는 아담에게 속한 사람이 아니라 그리스도께 속한 사람입니다. 셋째, 신자에게는 하나님께 영광을 돌릴 의무가 있기 때문입니다[6:13]. 신자는 죄의 도구가 아니라 하나님의 도구입니다. 넷째, 신자는 그리스도께서 자신의 주인이심을 나타내야 하기 때문입니다[6:16]. 신자는 순종하는 삶을 통해 죄의 지배에서 벗어났음을 입증해야 합니다.

1 그런즉 우리가 무슨 말을 하리요 은혜를 더하게 하려고 죄에 거하겠느냐

2 그럴 수 없느니라 죄에 대하여 죽은 우리가 어찌 그 가운데 더 살리요

3 무릇 그리스도 예수와 합하여 세례를 받은 우리는 그의 죽으심과 합하여 세례를 받은 줄을 알지 못하느냐

4 그러므로 우리가 그의 죽으심과 합하여 세례를 받음으로 그와 함께 장사되었나니 이는 아버지의 영광으로 말미암아 그리스도를 죽은 자 가운데서 살리심과 같이 우리로 또한 새 생명 가운데서 행하게 하려 함이라

5 만일 우리가 그의 죽으심과 같은 모양으로 연합한 자가 되었으면 또한 그의 부활과 같은 모양으로 연합한 자도 되리라

6 우리가 알거니와 우리의 옛 사람이 예수와 함께 십자가에 못 박힌 것은 죄의 몸이 죽어 다시는 우리가 죄에게 종노릇하지 아니하려 함이니

7 이는 죽은 자가 죄에서 벗어나 의롭다 하심을 얻었음이라

8 만일 우리가 그리스도와 함께 죽었으면 또한 그와 함께 살 줄을 믿노니

9 이는 그리스도께서 죽은 자 가운데서 살아나셨으매 다시 죽지 아니하시고 사망이 다시 그를 주장하지 못할 줄을 앎이로라

10 그가 죽으심은 죄에 대하여 단번에 죽으심이요 그가 살아 계심은 하나님께 대하여 살아 계심이니

11 이와 같이 너희도 너희 자신을 죄에 대하여는 죽은 자요 그리스도 예수 안에서 하나님께 대하여는 살아 있는 자로 여길지어다

그럴 수 없느니라 [6:2] 구원은 은혜로 얻는 것이니 마음껏 죄를 지어도 되지 않느냐는 질문에 대한 바울의 대답입니다.

죄에 대하여 죽은 우리가 [6:2] 신자는 죄에 대하여 죽은 사람입니다. 신자는 전혀 죄를 짓지 않는다는 말이 아닙니다. 죄가 신자의 주인이 아니라는 말입니다. 이제 우리의 주인은 예수님입니다.

그리스도 예수와 합하여 세례를 받은 우리는 [6:3] 신자는 아담이 아니라 그리스도께 속해 있습니다. 신자는 세상에서 건짐을 받아 예수님께 속하게 된 사람입니다. 세례는 이 진리를 보여 주는 의식입니다.

우리의 옛 사람 [6:6] 우리는 아담에게 속해 있던 사람에서, 그리스도께 속해 있는 사람으로 변화되었습니다. '옛 사람'은 아담에게 속해 있던 사람을 의미합니다.

죄의 몸이 죽어 [6:6] '죄의 몸'이란 예수님께 속해 있지 않은 사람, 죄의 지배를 받는 사람을 의미합니다. 죄의 몸이 죽었다는 것은 죄의 지배가 아니라 예수님의 지배를 받게 되었다는 뜻입니다.

12 그러므로 너희는 죄가 너희 죽을 몸을 지배하지 못하게 하여 몸의 사욕에 순종하지 말고

13 또한 너희 지체를 불의의 무기로 죄에게 내주지 말고 오직 너희 자신을 죽은 자 가운데서 다시 살아난 자같이 하나님께 드리며 너희 지체를 의의 무기로 하나님께 드리라

14 죄가 너희를 주장하지 못하리니 이는 너희가 법 아래에 있지 아니하고 은혜 아래에 있음이라

15 그런즉 어찌하리요 우리가 법 아래에 있지 아니하고 은혜 아래에 있으니 죄를 지으리요 그럴 수 없느니라

16 너희 자신을 종으로 내주어 누구에게 순종하든지 그 순종함을 받는 자의 종이 되는 줄을 너희가 알지 못하느냐 혹은 죄의 종으로 사망에 이르고 혹은 순종의 종으로 의에 이르느니라

17 하나님께 감사하리로다 너희가 본래 죄의 종이더니 너희에게 전하여 준바 교훈의 본을 마음으로 순종하여

18 죄로부터 해방되어 의에게 종이 되었느니라

19 너희 육신이 연약하므로 내가 사람의 예대로 말하노니 전에 너희가 너희 지체를 부정과 불법에 내주어 불법에 이른 것같이 이제는 너희 지체를 의에게 종으로 내주어 거룩함에 이르라

20 너희가 죄의 종이 되었을 때에는 의에 대하여 자유로웠느니라

21 너희가 그때에 무슨 열매를 얻었느냐 이제는 너희가 그 일을 부끄러워하나니 이는 그 마지막이 사망임이라

22 그러나 이제는 너희가 죄로부터 해방되고 하나님께 종이 되어 거룩함에 이르는 열매를 맺었으니 그 마지막은 영생이라

23 죄의 삯은 사망이요 하나님의 은사는 그리스도 예수 우리 주 안에 있는 영생이니라

지배하지 못하게 하여 [6:12] 과거에는 죄가 우리의 주인이었습니다. 우리는 죄의 지배를 벗어날 수 없었습니다. 하지만 이제는 예수님께서 우리의 주인이십니다. 따라서 죄와 싸우는 것은 우리의 의무입니다.

법 아래에 있지 아니하고 [6:14] 율법으로 구원을 얻는 체제 안에 있지 않다는 뜻입니다. 이제 신자는 율법을 행함으로써가 아니라 그리스도를 믿음으로써 구원을 얻습니다.

하나님께 감사하리로다 [6:17] 바울이 하나님께 감사하는 이유는, 순종하는 삶을 사는 것조차 하나님의 은혜이기 때문입니다. 하나님의 은혜가 없이는 아무도 거룩한 삶을 살 수 없습니다.

그 마지막은 영생이라 [6:22] 믿음으로 의롭다 하심을 받은 자들은 반드시 영생을 얻습니다.

나의 묵상

로마서
7장

모든 사람은 법의 통제를 받습니다[7:1]. 예를 들어 교통 신호를 위반하면 법에 따라 벌점과 벌금을 부여받습니다. 하지만 죽은 사람은 법의 통제에서 벗어납니다. 죽은 사람에게 벌점과 벌금을 부여할 수 없습니다. 신자도 마찬가지입니다. 신자는 그리스도와 함께 죽고, 그리스도와 함께 살아난 존재입니다. 그래서 신자는 율법의 통제에서 벗어나 있습니다. 이것은 율법과 상관없이 살아도 된다는 뜻이 아닙니다. 신자는 율법으로 구원을 얻지 않는다는 뜻입니다. 신자는 율법을 행함으로써가 아니라, 그리스도를 믿음으로써 의롭게 될 수 있습니다. 만약 그리스도가 없었다면 어떻게 되었을까요? 우리가 여전히 율법으로 구원을 얻어야 했다면 우리는 어떻게 되었을까요? 그것이 14절부터 25절까지의 진술입니다. 율법은 좋은 것입니다[7:16]. 하지만 우리는 율법을 다 지킬 수 없습니다. 우리 안에 죄가 거하기 때문입니다[7:17]. 우리의 몸이 율법을 지키기에 무력하기 때문입니다[7:18]. 그래서 율법은 우리를 절망하게 합니다[7:24]. 바로 이것이 율법의 기능입니다. 율법은 구원의 도구가 아닙니다. 율법은 우리를 절망하게 하여 그리스도를 바라보게 합니다. 그리하여 그리스도만을 찬양하게 합니다[7:25].

1 형제들아 내가 법 아는 자들에게 말하노니 너희는 그 법이 사람이 살 동안만 그를 주관하는 줄 알지 못하느냐

2 남편 있는 여인이 그 남편 생전에는 법으로 그에게 매인 바 되나 만일 그 남편이 죽으면 남편의 법에서 벗어나느니라

3 그러므로 만일 그 남편 생전에 다른 남자에게 가면 음녀라 그러나 만일 남편이 죽으면 그 법에서 자유롭게 되나니 다른 남자에게 갈지라도 음녀가 되지 아니하느니라

4 그러므로 내 형제들아 너희도 그리스도의 몸으로 말미암아 율법에 대하여 죽임을 당하였으니 이는 다른 이 곧 죽은 자 가운데서 살아나신 이에게 가서 우리가 하나님을 위하여 열매를 맺게 하려 함이라

5 우리가 육신에 있을 때에는 율법으로 말미암는 죄의 정욕이 우리 지체 중에 역사하여 우리로 사망을 위하여 열매를 맺게 하였더니

6 이제는 우리가 얽매였던 것에 대하여 죽었으므로 율법에서 벗어났으니 이러므로 우리가 영의 새로운 것으로 섬길 것이요 율법 조문의 묵은 것으로 아니할지니라

7 그런즉 우리가 무슨 말을 하리요 율법이 죄냐 그럴 수 없느니라 율법으로 말미암지 않고는 내가 죄를 알지 못하였으니 곧 율법이 탐내지 말라 하지 아니하였더라면 내가 탐심을 알지 못하였으리라

8 그러나 죄가 기회를 타서 계명으로 말미암아 내 속에서 온갖 탐심을 이루었나니 이는 율법이 없으면 죄가 죽은 것임이라

9 전에 율법을 깨닫지 못했을 때에는 내가 살았더니 계명이 이르매 죄는 살아나고 나는 죽었도다

10 생명에 이르게 할 그 계명이 내게 대하여 도리어 사망에 이르게 하는 것이 되었도다

11 죄가 기회를 타서 계명으로 말미암아 나를 속이고 그것으로 나를 죽였는지라

그리스도의 몸으로 말미암아 [7:4] 그리스도의 죽음을 의미합니다.

율법에 대하여 죽임을 당하였으니 [7:4] 이제 신자들은 율법으로 구원을 얻는 체제 안에 있지 않다는 뜻입니다.

우리가 육신에 있을 때에는 [7:5] 예수님을 믿기 이전의 상태. 율법을 지킴으로써 구원을 받아야 했던 때를 말합니다.

생명에 이르게 할 그 계명 [7:10] 율법을 다 지키면 영생을 얻을 수 있습니다. 하지만 실제로는 불가능합니다.

12 이로 보건대 율법은 거룩하고 계명도 거룩하고 의로우며 선하도다

13 그런즉 선한 것이 내게 사망이 되었느냐 그럴 수 없느니라 오직 죄가 죄로 드러나기 위하여 선한 그것으로 말미암아 나를 죽게 만들었으니 이는 계명으로 말미암아 죄로 심히 죄 되게 하려 함이라

14 우리가 율법은 신령한 줄 알거니와 나는 육신에 속하여 죄 아래에 팔렸도다

15 내가 행하는 것을 내가 알지 못하노니 곧 내가 원하는 것은 행하지 아니하고 도리어 미워하는 것을 행함이라

16 만일 내가 원하지 아니하는 그것을 행하면 내가 이로써 율법이 선한 것을 시인하노니

17 이제는 그것을 행하는 자가 내가 아니요 내 속에 거하는 죄니라

18 내 속 곧 내 육신에 선한 것이 거하지 아니하는 줄을 아노니 원함은 내게 있으나 선을 행하는 것은 없노라

19 내가 원하는바 선은 행하지 아니하고 도리어 원하지 아니하는바 악을 행하는도다

20 만일 내가 원하지 아니하는 그것을 하면 이를 행하는 자는 내가 아니요 내 속에 거하는 죄니라

21 그러므로 내가 한 법을 깨달았노니 곧 선을 행하기 원하는 나에게 악이 함께 있는 것이로다

22 내 속사람으로는 하나님의 법을 즐거워하되

23 내 지체 속에서 한 다른 법이 내 마음의 법과 싸워 내 지체 속에 있는 죄의 법으로 나를 사로잡는 것을 보는도다

24 오호라 나는 곤고한 사람이로다 이 사망의 몸에서 누가 나를 건져 내랴

25 우리 주 예수 그리스도로 말미암아 하나님께 감사하리로다 그런즉 내 자신이 마음으로는 하나님의 법을 육신으로는 죄의 법을 섬기노라

율법은 신령한 줄 알거니와 [7:14] 율법에는 문제가 없습니다. 문제는 율법을 지키지 못하는 사람에게 있습니다.

죄 아래에 팔렸도다 [7:14] 사람의 무력함을 보여 주는 표현입니다. 율법은 좋은 것이지만, 사람에게는 그것을 지킬 능력이 없습니다.

내 속에 거하는 죄니라 [7:17] 책임을 회피하는 표현이 아니라 죄의 권세를 강조하는 표현입니다. 사람에게는 죄를 이길 힘이 없습니다.

사망의 몸 [7:24] 율법을 지키기에 무능력한 몸을 말합니다.

누가 나를 건져내랴 [7:24] 이미 바울은 그 답을 알고 있습니다. 우리 주 예수 그리스도입니다.

나의 묵상

로마서
8장

예수님을 믿고, 예수님과 연합한 신자들은 결코 영원한 형벌을 당하지 않습니다[8:1]. 이제 신자들은 불신자들과 다른 체제 안에 있기 때문입니다. 불신자들은 행위 언약[죄와 사망의 법] 아래 있는 반면, 신자들은 은혜 언약[생명의 성령의 법] 아래 있습니다. 불신자들은 율법을 모두 지킴으로써 구원을 얻어야 하지만, 신자들은 예수님을 믿음으로써 구원을 얻습니다. 그래서 불신자들은 아무도 구원을 얻을 수 없지만, 신자들은 반드시 구원을 얻습니다. 율법으로 구원을 얻을 수 없는 이유는, 율법이 악하기 때문이 아니라 사람의 육신이 약하기 때문입니다[8:3]. 그래서 하나님은 예수님이 우리 대신 율법을 지키게 하셨습니다. 또한 우리가 율법을 지키지 못한 책임은 예수님이 대신 당하게 하셨습니다. 그리하여 마치 우리가 율법의 요구를 모두 다 이룬 것처럼 여겨 주셨습니다[8:4]. 그뿐만이 아닙니다. 하나님은 우리에게 성령님을 보내 주셨습니다[8:9]. 우리는 성령님으로 말미암아 하나님의 자녀임을 확신하며 살고[8:15], 마지막 날에는 죽음에서 부활합니다[8:11]. 이 모든 것을 계획하신 분은 성부 하나님이십니다. 성부 하나님께서 우리의 구원을 예정하셨습니다[8:29]. 이처럼 우리의 구원은 성부, 성자, 성령 삼위 하나님의 사역입니다. 삼위 하나님께서 이루시는 일입니다. 따라서 우리의 구원은 절대로 실패할 수 없습니다. 아무도 하나님의 역사를 방해할 수 없습니다[8:39].

1 그러므로 이제 그리스도 예수 안에 있는 자에게는 결코 정죄함이 없나니

2 이는 그리스도 예수 안에 있는 생명의 성령의 법이 죄와 사망의 법에서 너를 해방하였음이라

3 율법이 육신으로 말미암아 연약하여 할 수 없는 그것을 하나님은 하시나니 곧 죄로 말미암아 자기 아들을 죄 있는 육신의 모양으로 보내어 육신에 죄를 정하사

4 육신을 따르지 않고 그 영을 따라 행하는 우리에게 율법의 요구가 이루어지게 하려 하심이라

5 육신을 따르는 자는 육신의 일을, 영을 따르는 자는 영의 일을 생각하나니

6 육신의 생각은 사망이요 영의 생각은 생명과 평안이니라

7 육신의 생각은 하나님과 원수가 되나니 이는 하나님의 법에 굴복하지 아니할 뿐 아니라 할 수도 없음이라

8 육신에 있는 자들은 하나님을 기쁘시게 할 수 없느니라

9 만일 너희 속에 하나님의 영이 거하시면 너희가 육신에 있지 아니하고 영에 있나니 누구든지 그리스도의 영이 없으면 그리스도의 사람이 아니라

10 또 그리스도께서 너희 안에 계시면 몸은 죄로 말미암아 죽은 것이나 영은 의로 말미암아 살아 있는 것이니라

11 예수를 죽은 자 가운데서 살리신 이의 영이 너희 안에 거하시면 그리스도 예수를 죽은 자 가운데서 살리신 이가 너희 안에 거하시는 그의 영으로 말미암아 너희 죽을 몸도 살리시리라

12 그러므로 형제들아 우리가 빚진 자로되 육신에게 져서 육신대로 살 것이 아니니라

13 너희가 육신대로 살면 반드시 죽을 것이로되 영으로써 몸의 행실을 죽이면 살리니

14 무릇 하나님의 영으로 인도함을 받는 사람은 곧 하나님의 아들이라

15 너희는 다시 무서워하는 종의 영을 받지 아니하고 양자의 영을 받았으므로 우리가 아빠 아버지라고 부르짖느니라

결코 정죄함이 없나니 [8:1] 영원한 형벌을 받지 않는다는 뜻입니다.

죄 있는 육신의 모양으로 보내어 [8:3] 하나님이신 예수님께서 사람이 되심을 말합니다.

육신에 죄를 정하사 [8:3] 예수님께서 우리의 죄를 다 뒤집어쓰신 것을 말합니다.

하나님과 원수가 되나니 [8:7] 구원받지 않은 자연인은 본능적으로 하나님을 싫어합니다.

16 성령이 친히 우리의 영과 더불어 우리가 하나님의 자녀인 것을 증언하시나니

17 자녀이면 또한 상속자 곧 하나님의 상속자요 그리스도와 함께한 상속자니 우리가 그와 함께 영광을 받기 위하여 고난도 함께 받아야 할 것이니라

18 생각하건대 현재의 고난은 장차 우리에게 나타날 영광과 비교할 수 없도다

19 피조물이 고대하는 바는 하나님의 아들들이 나타나는 것이니

20 피조물이 허무한 데 굴복하는 것은 자기 뜻이 아니요 오직 굴복하게 하시는 이로 말미암음이라

21 그 바라는 것은 피조물도 썩어짐의 종노릇한 데서 해방되어 하나님의 자녀들의 영광의 자유에 이르는 것이니라

22 피조물이 다 이제까지 함께 탄식하며 함께 고통을 겪고 있는 것을 우리가 아느니라

23 그뿐 아니라 또한 우리 곧 성령의 처음 익은 열매를 받은 우리까지도 속으로 탄식하여 양자 될 것 곧 우리 몸의 속량을 기다리느니라

24 우리가 소망으로 구원을 얻었으매 보이는 소망이 소망이 아니니 보는 것을 누가 바라리요

25 만일 우리가 보지 못하는 것을 바라면 참음으로 기다릴지니라

26 이와 같이 성령도 우리의 연약함을 도우시나니 우리는 마땅히 기도할 바를 알지 못하나 오직 성령이 말할 수 없는 탄식으로 우리를 위하여 친히 간구하시느니라

27 마음을 살피시는 이가 성령의 생각을 아시나니 이는 성령이 하나님의 뜻대로 성도를 위하여 간구하심이니라

28 우리가 알거니와 하나님을 사랑하는 자 곧 그의 뜻대로 부르심을 입은 자들에게는 모든 것이 합력하여 선을 이루느니라

양자의 영 [8:15] 성령님을 말합니다. 성령님을 양자의 영이라고 부르는 것은, 우리가 하나님의 자녀임을 성령님께서 확신시켜 주시기 때문입니다.

고난도 함께 받아야 할 것이니라 [8:17] 신자는 믿음 때문에 박해를 당하게 됩니다. 예수님도 동일하게 말씀하셨습니다(요 15:19).

피조물이 허무한 데 굴복하는 것은 [8:20] 피조 세계가 저주를 받았음을 말합니다. 피조 세계는 아담의 죄로 말미암아 저주를 받았습니다(창 3:18).

모든 것이 합력하여 선을 이루느니라 [8:28] 신자에게 일어나는 일은 좋은 것이든 나쁜 것이든 간에 하나님께서 우리의 구원을 이루시는 도구입니다.

29 하나님이 미리 아신 자들을 또한 그 아들의 형상을 본받게 하기 위하여 미리 정하셨으니 이는 그로 많은 형제 중에서 맏아들이 되게 하려 하심이니라

30 또 미리 성하신 그들을 또한 부르시고 부르신 그들을 또한 의롭다 하시고 의롭다 하신 그들을 또한 영화롭게 하셨느니라

31 그런즉 이 일에 대하여 우리가 무슨 말 하리요 만일 하나님이 우리를 위하시면 누가 우리를 대적하리요

32 자기 아들을 아끼지 아니하시고 우리 모든 사람을 위하여 내주신 이가 어찌 그 아들과 함께 모든 것을 우리에게 주시지 아니하겠느냐

33 누가 능히 하나님께서 택하신 자들을 고발하리요 의롭다 하신 이는 하나님이시니

34 누가 정죄하리요 죽으실 뿐 아니라 다시 살아나신 이는 그리스도 예수시니 그는 하나님 우편에 계신 자요 우리를 위하여 간구하시는 자시니라

35 누가 우리를 그리스도의 사랑에서 끊으리요 환난이나 곤고나 박해나 기근이나 적신이나 위험이나 칼이랴

36 기록된 바 우리가 종일 주를 위하여 죽임을 당하게 되며 도살당할 양같이 여김을 받았나이다 함과 같으니라

37 그러나 이 모든 일에 우리를 사랑하시는 이로 말미암아 우리가 넉넉히 이기느니라

38 내가 확신하노니 사망이나 생명이나 천사들이나 권세자들이나 현재 일이나 장래 일이나 능력이나

39 높음이나 깊음이나 다른 어떤 피조물이라도 우리를 우리 주 그리스도 예수 안에 있는 하나님의 사랑에서 끊을 수 없으리라

미리 정하신 그들을 [8:30] 하나님은 누가 구원받을지를 아십니다. 구원받을 자들을 친히 정하셨기 때문입니다. 이것을 예정이라고 합니다.

부르신 그들을 또한 의롭다 하시고 [8:30] 이것을 흔히 '칭의'라고 합니다.

넉넉히 이기느니라 [8:37] 반드시 구원을 이룬다는 뜻입니다.

의롭다 하신 그들을 또한 영화롭게 하셨느니라 [8:30] 칭의와 영화는 연결되어 있습니다. 칭의가 전적인 은혜인 것처럼 영화에 이르는 것도 전적인 은혜입니다.

모든 것을 우리에게 주시지 아니하겠느냐 [8:32] 하나님은 구원을 위해 필요한 모든 것을 우리에게 주십니다.

나의 묵상

로마서
9장

유대인들의 조상은 아브라함입니다. 하나님은 아브라함에게 다음과 같이 언약하셨습니다. "내가 내 언약을 나와 너 및 네 대대 후손 사이에 세워서 영원한 언약을 삼고 너와 네 후손의 하나님이 되리라"[창 17:7]. 그런데 바울 당시에 상당수의 유대인들은 예수님을 믿지 않았습니다. 많은 유대인들이 구원과 상관없는 처지에 있었습니다. 따라서 하나님께서 언약을 어기신 것이 아니냐는 의문이 제기될 수 있었습니다. 이에 바울은 다음과 같이 말합니다. "이스라엘에게서 난 그들이 다 이스라엘이 아니요"[9:6]. 아브라함의 '생물학적 후손'이라고 해서 모두 다 아브라함의 '언약적 후손'은 아니라는 것입니다.³ 예를 들어 이삭은 언약적 후손이었지만, 이스마엘은 생물학적 후손이었습니다. 야곱은 언약적 후손이었지만, 에서는 생물학적 후손이었습니다. 그렇다면 '언약적 후손'이 될 수 있는 자격, 하나님의 백성이 될 수 있는 자격은 무엇일까요? 그런 자격은 존재하지 않습니다. 이삭과 야곱이 하나님의 백성으로 선택받은 이유는 하나밖에 없습니다. 하나님의 자비입니다. 자격 없는 자를 사랑하시는 하나님의 주권적인 사랑입니다[9:13]. 따라서 우리의 구원은 전적인 은혜입니다. 우리가 구원을 받은 것은, 우리에게 그럴 만한 자격이 있어서가 아닙니다. 이유는 단 하나, 하나님께서 우리에게 자비를 베푸셨기 때문입니다[9:16].

1-2 내가 그리스도 안에서 참말을 하고 거짓말을 아니하노라 나에게 큰 근심이 있는 것과 마음에 그치지 않는 고통이 있는 것을 내 양심이 성령 안에서 나와 더불어 증언하노니

3 나의 형제 곧 골육의 친척을 위하여 내 자신이 저주를 받아 그리스도에게서 끊어질지라도 원하는 바로라

4 그들은 이스라엘 사람이라 그들에게는 양자 됨과 영광과 언약들과 율법을 세우신 것과 예배와 약속들이 있고

5 조상들도 그들의 것이요 육신으로 하면 그리스도가 그들에게서 나셨으니 그는 만물 위에 계셔서 세세에 찬양을 받으실 하나님이시니라 아멘

6 그러나 하나님의 말씀이 폐하여진 것 같지 않도다 이스라엘에게서 난 그들이 다 이스라엘이 아니요

7 또한 아브라함의 씨가 다 그의 자녀가 아니라 오직 이삭으로부터 난 자라야 네 씨라 불리리라 하셨으니

8 곧 육신의 자녀가 하나님의 자녀가 아니요 오직 약속의 자녀가 씨로 여기심을 받느니라

9 약속의 말씀은 이것이니 명년 이때에 내가 이르리니 사라에게 아들이 있으리라 하심이라

10 그뿐 아니라 또한 리브가가 우리 조상 이삭 한 사람으로 말미암아 임신하였는데

11 그 자식들이 아직 나지도 아니하고 무슨 선이나 악을 행하지 아니한 때에 택하심을 따라 되는 하나님의 뜻이 행위로 말미암지 않고 오직 부르시는 이로 말미암아 서게 하려 하사

12 리브가에게 이르시되 큰 자가 어린 자를 섬기리라 하셨나니

13 기록된 바 내가 야곱은 사랑하고 에서는 미워하였다 하심과 같으니라

14 그런즉 우리가 무슨 말을 하리요 하나님께 불의가 있느냐 그럴 수 없느니라

나의 형제 곧 골육의 친척 [9:3] 동족 유대인들을 의미합니다.

내 자신이 저주를 받아 [9:3] 유대인들이 구원받기를 원하는 과장된 표현입니다. 실제로는 자신의 구원과 다른 사람의 구원을 맞바꿀 수 없습니다.

그들에게는 양자 됨 [9:4] 하나님은 아들처럼 이스라엘을 사랑해 주셨습니다(출 4:22).

15 모세에게 이르시되 내가 긍휼히 여길 자를 긍휼히 여기고 불쌍히 여길 자를 불쌍히 여기리라 하셨으니

16 그런즉 원하는 자로 말미암음도 아니요 달음박질하는 자로 말미암음도 아니요 오직 긍휼히 여기시는 하나님으로 말미암음이니라

17 성경이 바로에게 이르시되 내가 이 일을 위하여 너를 세웠으니 곧 너로 말미암아 내 능력을 보이고 내 이름이 온 땅에 전파되게 하려 함이라 하셨으니

18 그런즉 하나님께서 하고자 하시는 자를 긍휼히 여기시고 하고자 하시는 자를 완악하게 하시느니라

19 혹 네가 내게 말하기를 그러면 하나님이 어찌하여 허물하시느냐 누가 그 뜻을 대적하느냐 하리니

20 이 사람아 네가 누구이기에 감히 하나님께 반문하느냐 지음을 받은 물건이 지은 자에게 어찌 나를 이같이 만들었느냐 말하겠느냐

21 토기장이가 진흙 한 덩이로 하나는 귀히 쓸 그릇을, 하나는 천히 쓸 그릇을 만들 권한이 없느냐

22 만일 하나님이 그의 진노를 보이시고 그의 능력을 알게 하고자 하사 멸하기로 준비된 진노의 그릇을 오래 참으심으로 관용하시고

23 또한 영광 받기로 예비하신바 긍휼의 그릇에 대하여 그 영광의 풍성함을 알게 하고자 하셨을지라도 무슨 말을 하리요

24 이 그릇은 우리니 곧 유대인 중에서뿐 아니라 이방인 중에서도 부르신 자니라

25 호세아의 글에도 이르기를 내가 내 백성 아닌 자를 내 백성이라, 사랑하지 아니한 자를 사랑한 자라 부르리라

하나님으로 말미암음이니라 [9:16] 사람의 자격은 구원의 근거가 될 수 없습니다. 유일한 구원의 근거는 하나님의 자비입니다. 우리가 구원을 받은 것은 우리에게 그럴 만한 자격이 있어서가 아니라 하나님께서 우리에게 자비를 베푸셨기 때문입니다.

하나님께서 하고자 하시는 자 [9:18] 구원으로 예정하신 자를 말합니다.

완악하게 하시느니라 [9:18] 하나님께서 바로의 마음을 완악하게 하셨다는 표현은, 하나님이 악의 원인이라는 뜻이 아닙니다. 악의 원인은 바로입니다. 다만 하나님은 바로의 악을 하나님의 뜻을 이루는 도구로 사용하셨을 뿐입니다.

토기장이가 진흙 한 덩이로 [9:21] 하나님의 주권을 보여 주는 비유입니다. 토기장이는 하나님을, 진흙은 사람을 의미합니다.

무슨 말을 하리요 [9:23] 하나님의 뜻에 따라 어떤 사람은 구원을 받고, 어떤 사람은 심판을 받습니다. 하지만 하나님의 뜻은 불공정하지 않습니다. 사실은 모든 사람이 심판을 받아 마땅하기 때문입니다. 어떤 사람이 구원을 받은 것은 하나님의 자비를 보여 줄 뿐입니다.

26 너희는 내 백성이 아니라 한 그곳에서 그들이 살아 계신 하나님의 아들이라 일컬음을 받으리라 함과 같으니라

27 또 이사야가 이스라엘에 관하여 외치되 이스라엘 자손들의 수가 비록 바다의 모래 같을지라도 남은 자만 구원을 받으리니

28 주께서 땅 위에서 그 말씀을 이루고 속히 시행하시리라 하셨느니라

29 또한 이사야가 미리 말한 바 만일 만군의 주께서 우리에게 씨를 남겨 두지 아니하셨더라면 우리가 소돔과 같이 되고 고모라와 같았으리로다 함과 같으니라

30 그런즉 우리가 무슨 말을 하리요 의를 따르지 아니한 이방인들이 의를 얻었으니 곧 믿음에서 난 의요

31 의의 법을 따라간 이스라엘은 율법에 이르지 못하였으니

32 어찌 그러하냐 이는 그들이 믿음을 의지하지 않고 행위를 의지함이라 부딪칠 돌에 부딪쳤느니라

33 기록된 바 보라 내가 걸림돌과 거치는 바위를 시온에 두노니 그를 믿는 자는 부끄러움을 당하지 아니하리라 함과 같으니라

남은 자만 구원을 받으리니 [9:27] 이미 이사야 선지자는 유대인들 중에서 일부만 구원받을 것이라고 예언했습니다(사 10:22–23).

의의 법을 따라간 이스라엘 [9:31] 하나님은 구원을 위해서 예수님을 믿을 것을 요구하셨습니다. 하지만 유대인들은 예수님을 거절했습니다. 따라서 심판의 책임은 하나님이 아니라 유대인들에게 있습니다.

나의 묵상

로마서
10장

바울 당시의 유대인들은 구원으로부터 멀어져 있었습니다[10:1]. 하나님의 방식이 아니라 자신들의 방식으로 구원을 얻으려고 했기 때문입니다[10:2]. 유대인들은 율법을 통해서 구원을 얻으려고 했습니다[10:3]. 하지만 율법은 구원의 도구가 아닙니다. 율법의 목표는 그리스도입니다[10:4]. 율법은 우리를 그리스도께로 인도하는 징검다리입니다. 율법을 통해서 자신의 죄를 깨닫게 된 사람은, 구원을 얻기 위해 그리스도를 바라보게 됩니다. 그리스도를 믿는 일은 어려운 일이 아닙니다[10:6-7]. 이미 복음이 전파되었기 때문입니다[10:8]. 따라서 유대인들이 구원을 얻기 위해 해야 할 일은 전파된 복음을 믿는 것이었습니다[10:9]. 우리 역시 마찬가지입니다. 구원에 이르는 길은 여러 갈래가 아닙니다. 구원에 이르는 길은 하나밖에 없습니다. 그리스도를 믿는 것입니다[10:10]. 어떤 사람이라도 그리스도를 믿기만 하면 구원을 얻을 수 있습니다[10:12]. 그래서 복음 전파가 중요합니다[10:14]. 우리 모두는 복음 전파자가 되어야 합니다.

1 형제들아 내 마음에 원하는 바와 하나님께 구하는 바는 이스라엘을 위함이니 곧 그들로 구원을 받게 함이라

2 내가 증언하노니 그들이 하나님께 열심이 있으나 올바른 지식을 따른 것이 아니니라

3 하나님의 의를 모르고 자기 의를 세우려고 힘써 하나님의 의에 복종하지 아니하였느니라

4 그리스도는 모든 믿는 자에게 의를 이루기 위하여 율법의 마침이 되시니라

5 모세가 기록하되 율법으로 말미암는 의를 행하는 사람은 그 의로 살리라 하였거니와

6 믿음으로 말미암는 의는 이같이 말하되 네 마음에 누가 하늘에 올라가겠느냐 하지 말라 하니 올라가겠느냐 함은 그리스도를 모셔 내리려는 것이요

7 혹은 누가 무저갱에 내려가겠느냐 하지 말라 하니 내려가겠느냐 함은 그리스도를 죽은 자 가운데서 모셔 올리려는 것이라

8 그러면 무엇을 말하느냐 말씀이 네게 가까워 네 입에 있으며 네 마음에 있다 하였으니 곧 우리가 전파하는 믿음의 말씀이라

9 네가 만일 네 입으로 예수를 주로 시인하며 또 하나님께서 그를 죽은 자 가운데서 살리신 것을 네 마음에 믿으면 구원을 받으리라

10 사람이 마음으로 믿어 의에 이르고 입으로 시인하여 구원에 이르느니라

11 성경에 이르되 누구든지 그를 믿는 자는 부끄러움을 당하지 아니하리라 하니

12 유대인이나 헬라인이나 차별이 없음이라 한 분이신 주께서 모든 사람의 주가 되사 그를 부르는 모든 사람에게 부요하시도다

하나님의 의를 모르고 [10:3] 하나님 앞에서 의롭게 되는 길은 예수님을 믿는 것밖에 없습니다. 하나님은 예수님을 믿는 자들을 의롭다고 하십니다.

자기 의를 세우려고 [10:3] 유대인들은 율법을 지킴으로써 의롭게 될 수 있다고 믿었습니다. 하지만 세상에 죄가 들어온 이후로는 아무도 율법으로 의롭게 될 수 없습니다.

율법의 마침이 되시니라 [10:4] 그리스도가 율법의 목적이라는 뜻입니다. 율법은 구원의 도구가 아닙니다. 율법은 우리를 그리스도께로 인도하는 안내자입니다(갈 3:24).

누가 하늘에 올라가겠느냐 하지 말라 [10:6] 그리스도를 믿기 위해 하늘에 올라갈 필요가 없다는 뜻입니다.

누가 무저갱에 내려가겠느냐 하지 말라 [10:7] 그리스도를 믿기 위해 지하 세계로 내려갈 필요가 없다는 뜻입니다.

말씀이 네게 가까워 [10:8] 그리스도를 믿기 위해 특별한 일을 할 필요가 없다는 뜻입니다. 그리스도를 믿는 것은 곧 전파된 복음을 믿는 것입니다.

유대인이나 헬라인이나 차별이 없음이라 [10:12] 하나님께서 구원을 베푸시는 방식에는 차별이 없습니다. 유대인이나 헬라인이나 그리스도를 믿음으로써만 구원을 얻습니다.

13 누구든지 주의 이름을 부르는 자는 구원을 받으리라

14 그런즉 그들이 믿지 아니하는 이를 어찌 부르리요 듣지도 못한 이를 어찌 믿으리요 전파하는 자가 없이 어찌 들으리요

15 보내심을 받지 아니하였으면 어찌 전파하리요 기록된 바 아름답도다 좋은 소식을 전하는 자들의 발이여 함과 같으니라

16 그러나 그들이 다 복음을 순종하지 아니하였도다 이사야가 이르되 주여 우리가 전한 것을 누가 믿었나이까 하였으니

17 그러므로 믿음은 들음에서 나며 들음은 그리스도의 말씀으로 말미암았느니라

18 그러나 내가 말하노니 그들이 듣지 아니하였느냐 그렇지 아니하니 그 소리가 온 땅에 퍼졌고 그 말씀이 땅끝까지 이르렀도다 하였느니라

19 그러나 내가 말하노니 이스라엘이 알지 못하였느냐 먼저 모세가 이르되 내가 백성 아닌 자로써 너희를 시기하게 하며 미련한 백성으로써 너희를 노엽게 하리라 하였고

20 이사야는 매우 담대하여 내가 나를 찾지 아니한 자들에게 찾은 바 되고 내게 묻지 아니한 자들에게 나타났노라 말하였고

21 이스라엘에 대하여 이르되 순종하지 아니하고 거슬러 말하는 백성에게 내가 종일 내 손을 벌렸노라 하였느니라

나의 묵상

로마서
11장

구원을 받는 방식과 관련하여 유대인은 전혀 특별하지 않습니다. 유대인들도 이방인들처럼 예수님을 믿어야만 구원을 얻을 수 있습니다[10:13]. 하지만 하나님께서 유대인들을 향한 특별한 계획을 가지고 계신 것도 사실입니다. 하나님은 유대인들을 버리지 않으셨습니다[11:1]. 유대인들 중에도 구원으로 예정된 자들이 있습니다[11:2]. 마치 엘리야 시대에 모든 사람들이 배교한 것처럼 보였지만, 그중에도 믿음을 지킨 자들이 있었던 것과 마찬가지입니다[11:4]. 유대인들의 불신앙은 하나님의 실패를 의미하지 않습니다. 거기에도 하나님의 뜻이 있습니다. 하나님은 유대인들의 불신앙을 이방인들의 회심을 유발하는 도구로 사용하셨습니다[11:11]. 그리고 하나님은 때가 되면 유대인들에게 큰 은혜를 베푸실 것입니다. 그리하여 많은 수의 유대인들이 회심하도록 역사하실 것입니다[11:12]. 지금은 비록 대부분의 유대인들이 우둔한 상태에 있지만[11:25], 언젠가는 많은 수의 유대인들이 그리스도를 영접하게 될 것입니다. 이것은 우리가 이해하기 어려운 일입니다. 하지만 하나님의 지혜와 지식을 우리가 이해할 수 없는 것은 당연합니다[11:33–34]. 우리가 해야 할 일은, 그저 하나님을 믿고 하나님께 영광을 돌리는 것뿐입니다[11:36].

1 그러므로 내가 말하노니 하나님이 자기 백성을 버리셨느냐 그럴 수 없느니라 나도 이스라엘인 이요 아브라함의 씨에서 난 자요 베냐민 지파라

2 하나님이 그 미리 아신 자기 백성을 버리지 아니하셨나니 너희가 성경이 엘리야를 가리켜 말한 것을 알지 못하느냐 그가 이스라엘을 하나님께 고발하되

3 주여 그들이 주의 선지자들을 죽였으며 주의 제단들을 헐어 버렸고 나만 남았는데 내 목숨도 찾나이다 하니

4 그에게 하신 대답이 무엇이냐 내가 나를 위하여 바알에게 무릎을 꿇지 아니한 사람 칠천 명을 남겨 두었다 하셨으니

5 그런즉 이와 같이 지금도 은혜로 택하심을 따라 남은 자가 있느니라

6 만일 은혜로 된 것이면 행위로 말미암지 않음이니 그렇지 않으면 은혜가 은혜 되지 못하느니라

7 그런즉 어떠하냐 이스라엘이 구하는 그것을 얻지 못하고 오직 택하심을 입은 자가 얻었고 그 남은 자들은 우둔하여졌느니라

8 기록된 바 하나님이 오늘까지 그들에게 혼미한 심령과 보지 못할 눈과 듣지 못할 귀를 주셨다 함과 같으니라

9 또 다윗이 이르되 그들의 밥상이 올무와 덫과 거치는 것과 보응이 되게 하시옵고

10 그들의 눈은 흐려 보지 못하고 그들의 등은 항상 굽게 하옵소서 하였느니라

11 그러므로 내가 말하노니 그들이 넘어지기까지 실족하였느냐 그럴 수 없느니라 그들이 넘어 짐으로 구원이 이방인에게 이르러 이스라엘로 시기 나게 함이니라

하나님이 자기 백성을 버리셨느냐 [11:1] 바울 당시의 유대인들은 예수님을 배척했습니다. 하지만 하나님의 구원 역사 속에서 유대인들이 완전히 배제된 것은 아닙니다.

나도 이스라엘인이요 [11:1] 바울의 회심은 그 자체로 하나님께서 유대인들을 버리지 않았다는 증거입니다. 바울도 유대인이었기 때문입니다.

미리 아신 자기 백성을 버리지 아니하셨나니 [11:2] 유대인들 중에도 구원으로 예정된 자들이 있다는 뜻입니다.

남은 자가 있느니라 [11:5] 당시 대부분의 유대인들은 그리스도를 배척하고 있었습니다. 하지만 바울은 유대인들 중에도 구원으로 예정된 자들이 있다고 말합니다.

그들이 넘어지기까지 실족하였느냐 [11:11] 유대인들이 구원에서 완전히 배제되었는지를 묻는 것입니다. 대답은 "그럴 수 없느니라"입니다.

12 그들의 넘어짐이 세상의 풍성함이 되며 그들의 실패가 이방인의 풍성함이 되거든 하물며 그들의 충만함이리요

13 내가 이방인인 너희에게 말하노라 내가 이방인의 사도인 만큼 내 직분을 영광스럽게 여기노니

14 이는 혹 내 골육을 아무쪼록 시기하게 하여 그들 중에서 얼마를 구원하려 함이라

15 그들을 버리는 것이 세상의 화목이 되거든 그 받아들이는 것이 죽은 자 가운데서 살아나는 것이 아니면 무엇이리요

16 제사하는 처음 익은 곡식 가루가 거룩한즉 떡 덩이도 그러하고 뿌리가 거룩한즉 가지도 그러하니라

17 또한 가지 얼마가 꺾이었는데 돌감람나무인 네가 그들 중에 접붙임이 되어 참감람나무 뿌리의 진액을 함께 받는 자가 되었은즉

18 그 가지들을 향하여 자랑하지 말라 자랑할지라도 네가 뿌리를 보전하는 것이 아니요 뿌리가 너를 보전하는 것이니라

19 그러면 네 말이 가지들이 꺾인 것은 나로 접붙임을 받게 하려 함이라 하리니

20 옳도다 그들은 믿지 아니하므로 꺾이고 너는 믿으므로 섰느니라 높은 마음을 품지 말고 도리어 두려워하라

21 하나님이 원 가지들도 아끼지 아니하셨은즉 너도 아끼지 아니하시리라

22 그러므로 하나님의 인자하심과 준엄하심을 보라 넘어지는 자들에게는 준엄하심이 있으니 너희가 만일 하나님의 인자하심에 머물러 있으면 그 인자가 너희에게 있으리라 그렇지 않으면 너도 찍히는 바 되리라

23 그들도 믿지 아니하는 데 머무르지 아니하면 접붙임을 받으리니 이는 그들을 접붙이실 능력이 하나님께 있음이라

그들의 충만함이리요 [11:12] 장차 많은 수의 유대인들이 회심하게 된다는 뜻입니다.

죽은 자 가운데서 살아나는 것 [11:15] 죽은 자가 살아나는 것은 놀라운 일입니다. 마찬가지로 유대인들의 회심도 놀라운 일이라는 뜻입니다.

뿌리가 거룩한즉 가지도 그러하니라 [11:16] 뿌리는 유대인들의 조상을, 가지는 바울 당시의 유대인들을 의미합니다. 하나님께서 아브라함과 이삭과 야곱에게 주셨던 약속은 지금도 유효하다는 뜻입니다.

가지들을 향하여 자랑하지 말라 [11:18] 이방인 신자들이 자신을 자랑하거나 유대인들을 조롱해서는 안 된다는 것입니다. 이방인 신자들이 구원을 받은 것은 전적으로 하나님의 은혜이기 때문입니다.

24 네가 원 돌감람나무에서 찍힘을 받고 본성을 거슬러 좋은 감람나무에 접붙임을 받았으니 원 가지인 이 사람들이야 얼마나 더 자기 감람나무에 접붙이심을 받으랴

25 형제들아 너희가 스스로 지혜 있다 하면서 이 신비를 너희가 모르기를 내가 원하지 아니하노니 이 신비는 이방인의 충만한 수가 들어오기까지 이스라엘의 더러는 우둔하게 된 것이라

26 그리하여 온 이스라엘이 구원을 받으리라 기록된 바 구원자가 시온에서 오사 야곱에게서 경건하지 않은 것을 돌이키시겠고

27 내가 그들의 죄를 없이 할 때에 그들에게 이루어질 내 언약이 이것이라 함과 같으니라

28 복음으로 하면 그들이 너희로 말미암아 원수 된 자요 택하심으로 하면 조상들로 말미암아 사랑을 입은 자라

29 하나님의 은사와 부르심에는 후회하심이 없느니라

30 너희가 전에는 하나님께 순종하지 아니하더니 이스라엘이 순종하지 아니함으로 이제 긍휼을 입었는지라

31 이와 같이 이 사람들이 순종하지 아니하니 이는 너희에게 베푸시는 긍휼로 이제 그들도 긍휼을 얻게 하려 하심이라

32 하나님이 모든 사람을 순종하지 아니하는 가운데 가두어 두심은 모든 사람에게 긍휼을 베풀려 하심이로다

33 깊도다 하나님의 지혜와 지식의 풍성함이여, 그의 판단은 헤아리지 못할 것이며 그의 길은 찾지 못할 것이로다

34 누가 주의 마음을 알았느냐 누가 그의 모사가 되었느냐

35 누가 주께 먼저 드려서 갚으심을 받겠느냐

36 이는 만물이 주에게서 나오고 주로 말미암고 주에게로 돌아감이라 그에게 영광이 세세에 있을지어다 아멘

이 신비 [11:25] 지금은 대부분의 유대인들이 그리스도를 배척하고 있지만, 언젠가는 많은 수의 유대인들이 그리스도를 영접하게 될 것입니다. 이것이 그 당시 관점에서는 너무나 놀라운 일이기에 '신비'라고 표현합니다.

온 이스라엘이 구원을 받으리라 [11:26] 언젠가 상당히 많은 유대인들이 회심하는 날이 온다는 뜻입니다.

84 | 85

나의 묵상

로마서
12장

12장을 시작하는 단어는 "그러므로"입니다[12:1]. "그러므로"라는 단어는 우리가 하나님께 영광을 돌려야 하는 이유를 보여 줍니다. 그 이유는 하나님의 은혜와 자비입니다. 앞에서 바울은 하나님의 은혜와 자비를 설명했습니다. 우리는 은혜와 자비를 넘치게 받았습니다. "그러므로" 우리는 하나님께만 영광을 돌려야 합니다. 은혜와 자비를 받았으면서도 하나님께 영광을 돌리지 않는 것은 배은망덕한 행위입니다. 하나님께 영광을 돌리기 위해서는 순교자의 자세를 가져야 합니다. 바울은 우리 몸을 "거룩한 산 제물"로 드리라고 합니다[12:1]. 이것은 순교자가 되라는 권면입니다. 하나님을 목숨보다 소중하게 여기라는 뜻입니다. 하나님께 영광을 돌리기 위해서는 지켜야 할 규칙이 있습니다. 중요한 것만 간추리면 다음과 같습니다. 첫째, 하나님의 뜻을 분별하며 살아야 합니다[12:2]. 삶의 모든 순간마다 무엇이 하나님의 뜻인지를 고민하며 살아야 합니다. 둘째, 하나님께서 주신 은사를 개발해야 합니다[12:6]. 자신의 재능과 소질을 하나님의 영광을 위해서만 사용해야 합니다. 셋째, 악을 미워하고 선을 사랑해야 합니다[12:9]. 악한 것은 좋아도 멀리하고, 선한 것은 싫어도 가까이해야 합니다. 넷째, 가급적 모든 사람과 화평하게 지내기 위해 노력해야 합니다[12:18]. 세상과 구별된 사람이 되어야 하지만, 이웃과 원수처럼 지낼 필요는 없습니다.

1 그러므로 형제들아 내가 하나님의 모든 자비하심으로 너희를 권하노니 너희 몸을 하나님이 기뻐하시는 거룩한 산 제물로 드리라 이는 너희가 드릴 영적 예배니라

2 너희는 이 세대를 본받지 말고 오직 마음을 새롭게 함으로 변화를 받아 하나님의 선하시고 기뻐하시고 온전하신 뜻이 무엇인지 분별하도록 하라

3 내게 주신 은혜로 말미암아 너희 각 사람에게 말하노니 마땅히 생각할 그 이상의 생각을 품지 말고 오직 하나님께서 각 사람에게 나누어 주신 믿음의 분량대로 지혜롭게 생각하라

4 우리가 한 몸에 많은 지체를 가졌으나 모든 지체가 같은 기능을 가진 것이 아니니

5 이와 같이 우리 많은 사람이 그리스도 안에서 한 몸이 되어 서로 지체가 되었느니라

6 우리에게 주신 은혜대로 받은 은사가 각각 다르니 혹 예언이면 믿음의 분수대로,

7 혹 섬기는 일이면 섬기는 일로, 혹 가르치는 자면 가르치는 일로,

8 혹 위로하는 자면 위로하는 일로, 구제하는 자는 성실함으로, 다스리는 자는 부지런함으로, 긍휼을 베푸는 자는 즐거움으로 할 것이니라

9 사랑에는 거짓이 없나니 악을 미워하고 선에 속하라

10 형제를 사랑하여 서로 우애하고 존경하기를 서로 먼저 하며

11 부지런하여 게으르지 말고 열심을 품고 주를 섬기라

12 소망 중에 즐거워하며 환난 중에 참으며 기도에 항상 힘쓰며

하나님의 모든 자비하심[12:1] 1~11장의 내용을 요약하는 문장입니다. 우리가 하나님의 영광을 위해서 살아야 하는 이유는 하나님께서 우리에게 자비를 베푸셨기 때문입니다.

너희 몸을[12:1] 단순히 육체만을 의미하는 것이 아니라, 한 사람이 가지고 있는 모든 것을 의미합니다. 한순간이 아니라 전 생애를 하나님의 영광을 위해서 살아가라는 뜻입니다.

거룩한 산 제물로 드리라[12:1] 주님을 위한 제물이 된다는 것은 순교를 의미합니다. 여기서는 목숨과 맞바꾸는 순교가 아니라, 주님을 위해 살아가는 것을 의미합니다.

분별하도록 하라[12:2] 모든 상황에 적용되는 단순한 규칙은 없습니다. 그리스도인은 모든 순간마다 무엇이 하나님의 뜻인지 고민하며 살아야 합니다.

내게 주신 은혜로 말미암아[12:3] 하나님의 은혜를 생각하는 사람만이 하나님의 영광을 위해서 살 수 있습니다.

은혜대로 받은 은사[12:6] 하나님께서 각 사람에게 주신 재능을 의미합니다.

사랑에는 거짓이 없나니[12:9] 겉과 속이 다른 사랑을 말합니다. 위선적인 사랑은 참된 사랑이 아닙니다.

형제를 사랑하여[12:10] 교회는 서로를 형제로, 가족으로 여기는 공동체입니다. 서로를 가족으로 여기는 마음이 사랑의 기초입니다.

게으르지 말고 열심을 품고[12:11] 하나님을 섬기는 일을 게으르게 해서는 안 됩니다. 신자는 온 힘을 다해 하나님께 영광을 돌려야 합니다.

13 성도들의 쓸 것을 공급하며 손 대접하기를 힘쓰라

14 너희를 박해하는 자를 축복하라 축복하고 저주하지 말라

15 즐거워하는 자들과 함께 즐거워하고 우는 자들과 함께 울라

16 서로 마음을 같이하며 높은 데 마음을 두지 말고 도리어 낮은 데 처하며 스스로 지혜 있는 체 하지 말라

17 아무에게도 악을 악으로 갚지 말고 모든 사람 앞에서 선한 일을 도모하라

18 할 수 있거든 너희로서는 모든 사람과 더불어 화목하라

19 내 사랑하는 자들아 너희가 친히 원수를 갚지 말고 하나님의 진노하심에 맡기라 기록되었으되 원수 갚는 것이 내게 있으니 내가 갚으리라고 주께서 말씀하시니라

20 네 원수가 주리거든 먹이고 목마르거든 마시게 하라 그리함으로 네가 숯불을 그 머리에 쌓아 놓으리라

21 악에게 지지 말고 선으로 악을 이기라

성도들의 쓸 것을 공급하며 [12:13] 가난한 신자들에게 베푸는 일은 선택이 아니라 의무입니다.

모든 사람과 더불어 화목하라 [12:18] 신자는 불신자들과도 화목하게 지내기 위해 노력해야 합니다.

숯불을 그 머리에 쌓아 놓으리라 [12:20] 원수에게 친절을 베풀어서 부끄러움으로 얼굴이 붉어지게 하라는 뜻입니다.

나의 묵상

로마서
13장

우리는 정부의 권위를 인정하고, 정부의 통치 행위에 복종해야 합니다[13:1]. 정부가 하나님의 도구이기 때문입니다. 하나님은 정부를 통해 선한 자들에게는 복을 베푸시고[13:3], 악한 자들에게는 벌을 내리십니다[13:4]. 그런데 정부가 유지되기 위해서는 많은 재정이 필요합니다. 그래서 우리는 성실하게 세금을 납부해야 합니다[13:7]. 하지만 정부의 권위를 절대적으로 생각해서는 안 됩니다. 절대적인 권위는 하나님께만 있습니다. 정부의 권위가 하나님의 뜻대로 행사될 때에만 복종해야 합니다. 만약 정부가 하나님께서 금하신 것을 요구한다면 저항해야 합니다. 정부에 대한 우리의 역할은 세금을 내는 것만이 아닙니다. 좋은 시민이 되는 것도 우리의 역할입니다. 우리는 이웃을 사랑하고[13:8], 그들에게 해를 끼치지 않아야 합니다[13:10]. 세상을 혼탁하게 하는 행동들을 멀리해야 합니다[13:13].

1 각 사람은 위에 있는 권세들에게 복종하라 권세는 하나님으로부터 나지 않음이 없나니 모든 권세는 다 하나님께서 정하신 바라

2 그러므로 권세를 거스르는 자는 하나님의 명을 거스름이니 거스르는 자들은 심판을 자취하리라

3 다스리는 자들은 선한 일에 대하여 두려움이 되지 않고 악한 일에 대하여 되나니 네가 권세를 두려워하지 아니하려느냐 선을 행하라 그리하면 그에게 칭찬을 받으리라

4 그는 하나님의 사역자가 되어 네게 선을 베푸는 자니라 그러나 네가 악을 행하거든 두려워하라 그가 공연히 칼을 가지지 아니하였으니 곧 하나님의 사역자가 되어 악을 행하는 자에게 진노하심을 따라 보응하는 자니라

5 그러므로 복종하지 아니할 수 없으니 진노 때문에 할 것이 아니라 양심을 따라 할 것이라

6 너희가 조세를 바치는 것도 이로 말미암음이라 그들이 하나님의 일꾼이 되어 바로 이 일에 항상 힘쓰느니라

7 모든 자에게 줄 것을 주되 조세를 받을 자에게 조세를 바치고 관세를 받을 자에게 관세를 바치고 두려워할 자를 두려워하며 존경할 자를 존경하라

8 피차 사랑의 빚 외에는 아무에게든지 아무 빚도 지지 말라 남을 사랑하는 자는 율법을 다 이루었느니라

9 간음하지 말라, 살인하지 말라, 도둑질하지 말라, 탐내지 말라 한 것과 그 외에 다른 계명이 있을지라도 네 이웃을 네 자신과 같이 사랑하라 하신 그 말씀 가운데 다 들었느니라

10 사랑은 이웃에게 악을 행하지 아니하나니 그러므로 사랑은 율법의 완성이니라

11 또한 너희가 이 시기를 알거니와 자다가 깰 때가 벌써 되었으니 이는 이제 우리의 구원이 처음 믿을 때보다 가까웠음이라

위에 있는 권세들[13:1] 정부를 뜻합니다.

권세를 거스르는 자[13:2] 정부의 권위에 도전하고 불복종하는 사람을 뜻합니다.

하나님의 사역자[13:4] 정부는 하나님의 도구입니다. 하나님은 많은 경우 정부를 통해서 일하십니다.

칼[13:4] 형벌을 내릴 수 있는 권한을 말합니다. 범죄자를 형벌할 수 있는 권한은 정부에만 있고, 그 권한은 하나님께서 주셨습니다.

너희가 조세를 바치는 것[13:6] 정부가 유지되기 위해서는 재정이 필요합니다. 따라서 신자는 성실하게 세금을 내야 합니다.

자다가[13:11] 여기서 잠은 세상에 물든 삶, 도덕적으로 해이한 삶을 의미합니다.

12 밤이 깊고 낮이 가까웠으니 그러므로 우리가 어둠의 일을 벗고 빛의 갑옷을 입자

13 낮에와 같이 단정히 행하고 방탕하거나 술 취하지 말며 음란하거나 호색하지 말며 다투거나

   시기하지 말고

14 오직 주 예수 그리스도로 옷 입고 정욕을 위하여 육신의 일을 도모하지 말라

깰 때가 벌써 되었으니 [13:11] 그리스도의 재림이 멀지 않았다는 뜻입니다.

어둠의 일 [13:12] 그리스도인에게 어울리지 않는 행동을 뜻합니다.

낮에와 같이 단정히 행하고 [13:13] 그리스도인에게 합당한 삶을 뜻합니다.

나의 묵상

로마서
14장

앞에서 바울은 이웃을 사랑하는 방식을 설명했습니다[13:10]. 이제부터 바울은 동료 신자들을 사랑하는 방식을 설명합니다. 핵심은 연약한 신자를 이해하고 그를 비판하지 않는 것입니다[14:1]. 당시 로마교회는 고기를 먹는 자들과 먹지 않는 자들로 양분되어 있었습니다[14:2]. 믿음이 강한 자들은 고기를 먹었지만, 믿음이 약한 자들은 먹지 않았습니다. 믿음이 약한 자들은 고기가 우상에게 바쳐졌을 가능성 때문에 먹지 않았습니다. 당시 시장에서 유통되었던 고기들은 대부분 우상에게 제물로 바쳐졌던 고기였습니다. 반면에 믿음이 강한 자들은 마음껏 고기를 먹었습니다. 애초에 우상이란 존재하지 않으므로, 고기에는 아무런 변화가 없다고 믿었기 때문입니다. 중요한 것은 서로를 대하는 태도였습니다. 고기를 먹는 자들은 먹지 않는 자들을 업신여겼고, 고기를 먹지 않는 자들은 먹는 자들을 비판했습니다[14:3]. 이에 바울은 교회를 화평하게 하는 것이 옳고 그름을 따지는 것보다 중요하다고 말합니다[14:19]. 음식처럼 비본질적인 문제로 교회를 분열시키지 말라고 권면합니다[14:20]. 하지만 바울의 권면은 비본질적인 문제에 제한됩니다. 비본질적인 문제는 타협할 수 있지만, 본질적인 문제는 절대 타협할 수 없습니다.

1 믿음이 연약한 자를 너희가 받되 그의 의견을 비판하지 말라

2 어떤 사람은 모든 것을 먹을 만한 믿음이 있고 믿음이 연약한 자는 채소만 먹느니라

3 먹는 자는 먹지 않는 자를 업신여기지 말고 먹지 않는 자는 먹는 자를 비판하지 말라 이는 하나님이 그를 받으셨음이라

4 남의 하인을 비판하는 너는 누구냐 그가 서 있는 것이나 넘어지는 것이 자기 주인에게 있으매 그가 세움을 받으리니 이는 그를 세우시는 권능이 주께 있음이라

5 어떤 사람은 이날을 저 날보다 낫게 여기고 어떤 사람은 모든 날을 같게 여기나니 각각 자기 마음으로 확정할지니라

6 날을 중히 여기는 자도 주를 위하여 중히 여기고 먹는 자도 주를 위하여 먹으니 이는 하나님께 감사함이요 먹지 않는 자도 주를 위하여 먹지 아니하며 하나님께 감사하느니라

7 우리 중에 누구든지 자기를 위하여 사는 자가 없고 자기를 위하여 죽는 자도 없도다

8 우리가 살아도 주를 위하여 살고 죽어도 주를 위하여 죽나니 그러므로 사나 죽으나 우리가 주의 것이로다

9 이를 위하여 그리스도께서 죽었다가 다시 살아나셨으니 곧 죽은 자와 산 자의 주가 되려 하심이라

10 네가 어찌하여 네 형제를 비판하느냐 어찌하여 네 형제를 업신여기느냐 우리가 다 하나님의 심판대 앞에 서리라

11 기록되었으되 주께서 이르시되 내가 살았노니 모든 무릎이 내게 꿇을 것이요 모든 혀가 하나님께 자백하리라 하였느니라

12 이러므로 우리 각 사람이 자기 일을 하나님께 직고하리라

믿음이 연약한 자를 너희가 받되 [14:1] 믿음이 연약한 자와 강한 자 사이에 갈등이 있을 때, 그 갈등을 해결할 책임은 강한 자에게 있습니다.

믿음이 연약한 자는 채소만 먹느니라 [14:2] 우상에게 제물로 바쳐진 고기가 시장에 유통되곤 했습니다. 그래서 믿음이 연약한 자들은 고기를 먹지 않았습니다.

업신여기지 말고 … 비판하지 말라 [14:3] 비본질적인 문제는 옳고 그름을 따지기보다 성도 간의 연합을 더 중요하게 여겨야 합니다.

주를 위하여 중히 여기고 … 주를 위하여 먹으니 [14:6] 교회 안에서 비본질적인 문제로 갈등이 발생했을 때에는 동기를 살펴보아야 합니다. 서로의 의견이 다를지라도, 동기가 주님을 위한 것이라면 이해하고 타협해야 합니다.

네 형제를 비판하느냐 [14:10] 우리는 다른 신자를 비판할 것이 아니라 스스로를 돌아보아야 합니다.

13 그런즉 우리가 다시는 서로 비판하지 말고 도리어 부딪칠 것이나 거칠 것을 형제 앞에 두지 아니하도록 주의하라

14 내가 주 예수 안에서 알고 확신하노니 무엇이든지 스스로 속된 것이 없으되 다만 속되게 여기는 그 사람에게는 속되니라

15 만일 음식으로 말미암아 네 형제가 근심하게 되면 이는 네가 사랑으로 행하지 아니함이라 그리스도께서 대신하여 죽으신 형제를 네 음식으로 망하게 하지 말라

16 그러므로 너희의 선한 것이 비방을 받지 않게 하라

17 하나님의 나라는 먹는 것과 마시는 것이 아니요 오직 성령 안에 있는 의와 평강과 희락이라

18 이로써 그리스도를 섬기는 자는 하나님을 기쁘시게 하며 사람에게도 칭찬을 받느니라

19 그러므로 우리가 화평의 일과 서로 덕을 세우는 일을 힘쓰나니

20 음식으로 말미암아 하나님의 사업을 무너지게 하지 말라 만물이 다 깨끗하되 거리낌으로 먹는 사람에게는 악한 것이라

21 고기도 먹지 아니하고 포도주도 마시지 아니하고 무엇이든지 네 형제로 거리끼게 하는 일을 아니함이 아름다우니라

22 네게 있는 믿음을 하나님 앞에서 스스로 가지고 있으라 자기가 옳다 하는 바로 자기를 정죄하지 아니하는 자는 복이 있도다

23 의심하고 먹는 자는 정죄되었나니 이는 믿음을 따라 하지 아니하였기 때문이라 믿음을 따라 하지 아니하는 것은 다 죄니라

스스로 속된 것이 없으되 [14:14] 이제 부정한 음식은 없습니다. 정한 것과 부정한 것을 나누는 구약의 율법은 폐지되었습니다(행 10:14-15).

너희의 선한 것 [14:16] 자신이 옳다고 여기는 것을 말합니다.

먹는 것과 마시는 것이 아니요 [14:17] 비본질적인 문제로 다투지 말라는 뜻입니다.

나의 묵상

나의 묵상

로마서
15장

그리스도인은 어떤 사람일까요? 그리스도인은 다른 사람을 위해 자신을 희생하는 사람입니다[15:1]. 그렇게 말할 수 있는 근거는 예수님입니다. 예수님은 우리를 위해 자신을 희생하셨습니다[15:3]. 따라서 우리 역시 예수님처럼 자신을 희생해야 합니다. 바울은 말만 하고 행하지 않는 사람이 아니었습니다. 실제로 바울은 다른 사람을 위해 자신을 희생했습니다. 대표적인 사례가 이방인 선교입니다[15:16]. 바울은 이방인 선교에 자신의 삶을 헌신했습니다. 그러면서 바울은 로마 교회 신자들도 희생적인 삶을 살 것을 요청합니다. 바울의 서바나 선교에 동참해 줄 것을 요청합니다[15:23]. 서바나는 지금의 스페인입니다. 스페인은 유럽 대륙의 가장 서쪽에 위치하고 있습니다. 그래서 고대인들은 스페인을 땅 끝으로 여겼습니다. 따라서 바울이 스페인으로 가려고 했던 이유는 분명합니다. 바울은 예수님의 말씀을 기억하고 있었습니다. "오직 성령이 너희에게 임하시면 너희가 권능을 받고 예루살렘과 온 유대와 사마리아와 땅끝까지 이르러 내 증인이 되리라"[행 1:8] 바울은 땅끝까지 증인이 되라는 예수님의 말씀에 순종하기 위해 스페인 선교를 계획했던 것입니다. 성경에는 기록되어 있지 않지만, 전승에 따르면 로마 감옥에서 풀려난 바울은 곧바로 스페인으로 떠났다고 합니다.

1 믿음이 강한 우리는 마땅히 믿음이 약한 자의 약점을 담당하고 자기를 기쁘게 하지 아니할 것이라

2 우리 각 사람이 이웃을 기쁘게 하되 선을 이루고 덕을 세우도록 할지니라

3 그리스도께서도 자기를 기쁘게 하지 아니하셨나니 기록된 바 주를 비방하는 자들의 비방이 내게 미쳤나이다 함과 같으니라

4 무엇이든지 전에 기록된 바는 우리의 교훈을 위하여 기록된 것이니 우리로 하여금 인내로 또는 성경의 위로로 소망을 가지게 함이니라

5 이제 인내와 위로의 하나님이 너희로 그리스도 예수를 본받아 서로 뜻이 같게 하여 주사

6 한마음과 한입으로 하나님 곧 우리 주 예수 그리스도의 아버지께 영광을 돌리게 하려 하노라

7 그러므로 그리스도께서 우리를 받아 하나님께 영광을 돌리심과 같이 너희도 서로 받으라

8 내가 말하노니 그리스도께서 하나님의 진실하심을 위하여 할례의 추종자가 되셨으니 이는 조상들에게 주신 약속들을 견고하게 하시고

9 이방인들도 그 긍휼하심으로 말미암아 하나님께 영광을 돌리게 하려 하심이라 기록된 바 그러므로 내가 열방 중에서 주께 감사하고 주의 이름을 찬송하리로다 함과 같으니라

10 또 이르되 열방들아 주의 백성과 함께 즐거워하라 하였으며

11 또 모든 열방들아 주를 찬양하며 모든 백성들아 그를 찬송하라 하였으며

12 또 이사야가 이르되 이새의 뿌리 곧 열방을 다스리기 위하여 일어나시는 이가 있으리니 열방이 그에게 소망을 두리라 하였느니라

13 소망의 하나님이 모든 기쁨과 평강을 믿음 안에서 너희에게 충만하게 하사 성령의 능력으로 소망이 넘치게 하시기를 원하노라

믿음이 약한 자의 약점을 담당하고 [15:1] 신자의 성숙함은 약한 자를 인내하는 것으로 나타납니다.

이웃을 기쁘게 하되 [15:2] 다른 사람의 유익을 위해 자신을 희생하라는 뜻입니다.

그리스도께서도 [15:3] 다른 사람을 위해 자신을 희생한 최고의 모범은 예수님입니다.

전에 기록된 바 [15:4] 구약 성경을 의미합니다.

한마음과 한입으로 [15:6] 하나님께 영광을 돌리기 위해서는 교회의 하나 됨을 지켜야 합니다.

너희도 서로 받으라 [15:7] 예수님께서 우리를 받아 주셨으니, 우리도 다른 사람을 받아 주어야 합니다. 신자의 기준은 예수님입니다.

14 내 형제들아 너희가 스스로 선함이 가득하고 모든 지식이 차서 능히 서로 권하는 자임을 나도 확신하노라

15 그러나 내가 너희로 다시 생각나게 하려고 하나님께서 내게 주신 은혜로 말미암아 더욱 담대히 대략 너희에게 썼노니

16 이 은혜는 곧 나로 이방인을 위하여 그리스도 예수의 일꾼이 되어 하나님의 복음의 제사장 직분을 하게 하사 이방인을 제물로 드리는 것이 성령 안에서 거룩하게 되어 받으실 만하게 하려 하심이라

17 그러므로 내가 그리스도 예수 안에서 하나님의 일에 대하여 자랑하는 것이 있거니와

18 그리스도께서 이방인들을 순종하게 하기 위하여 나를 통하여 역사하신 것 외에는 내가 감히 말하지 아니하노라 그 일은 말과 행위로

19 표적과 기사의 능력으로 성령의 능력으로 이루어졌으며 그리하여 내가 예루살렘으로부터 두루 행하여 일루리곤까지 그리스도의 복음을 편만하게 전하였노라

20 또 내가 그리스도의 이름을 부르는 곳에는 복음을 전하지 않기를 힘썼노니 이는 남의 터 위에 건축하지 아니하려 함이라

21 기록된 바 주의 소식을 받지 못한 자들이 볼 것이요 듣지 못한 자들이 깨달으리라 함과 같으니라

22 그러므로 또한 내가 너희에게 가려 하던 것이 여러 번 막혔더니

23 이제는 이 지방에 일할 곳이 없고 또 여러 해 전부터 언제든지 서바나로 갈 때에 너희에게 가기를 바라고 있었으니

24 이는 지나가는 길에 너희를 보고 먼저 너희와 사귐으로 얼마간 기쁨을 가진 후에 너희가 그리로 보내 주기를 바람이라

이방인을 위하여 [15:16] 이방인의 사도라는 바울의 정체성을 강조하는 표현입니다.

복음의 제사장 직분 [15:16] 복음 전파의 열매가 하나님께 드리는 감사의 제물이라는 뜻입니다.

남의 터 [15:20] 이미 복음이 전해진 지역을 말합니다.

이제는 이 지방에 일할 곳이 없고 [15:23] 로마 동쪽 지역을 말합니다. 이제 바울은 로마 서쪽 지역으로 가려고 합니다.

서바나 [15:23] 지금의 스페인을 말합니다. 서구인들은 스페인을 땅끝이라고 생각했습니다. 유럽 대륙의 가장 서쪽에 있기 때문입니다.

25 그러나 이제는 내가 성도를 섬기는 일로 예루살렘에 가노니

26 이는 마게도냐와 아가야 사람들이 예루살렘 성도 중 가난한 자들을 위하여 기쁘게 얼마를 연보하였음이라

27 저희가 기뻐서 하였거니와 또한 저희는 그들에게 빚진 자니 만일 이방인들이 그들의 영적인 것을 나눠 가졌으면 육적인 것으로 그들을 섬기는 것이 마땅하니라

28 그러므로 내가 이 일을 마치고 이 열매를 그들에게 확증한 후에 너희에게 들렀다가 서바나로 가리라

29 내가 너희에게 나아갈 때에 그리스도의 충만한 복을 가지고 갈 줄을 아노라

30 형제들아 내가 우리 주 예수 그리스도와 성령의 사랑으로 말미암아 너희를 권하노니 너희 기도에 나와 힘을 같이하여 나를 위하여 하나님께 빌어

31 나로 유대에서 순종하지 아니하는 자들로부터 건짐을 받게 하고 또 예루살렘에 대하여 내가 섬기는 일을 성도들이 받을 만하게 하고

32 나로 하나님의 뜻을 따라 기쁨으로 너희에게 나아가 너희와 함께 편히 쉬게 하라

33 평강의 하나님께서 너희 모든 사람과 함께 계실지어다 아멘

성도를 섬기는 일 [15:25] 예루살렘교회에 구제금을 전달하는 일입니다.

나의 묵상

나의 묵상

로마서
16장

바울은 로마교회 신자들에게 안부 인사를 전합니다. 일반적으로 안부 인사는 서로를 잘 아는 사람끼리 합니다. 전혀 모르는 사람끼리 안부 인사를 나누는 경우는 없습니다. 그런데 바울이 소개하는 사람들을 로마교회 신자들은 전혀 모릅니다. 왜 바울은 생소한 사람들의 안부를 전했을까요? 예수님을 믿는다는 사실 하나만으로 이미 한 가족이요, 한 공동체이기 때문입니다. 모든 신자들은 하나님을 아버지로 하는 한 가족이기 때문입니다. 특이한 것은 바울이 소개하는 사람들 가운데 여자가 많다는 점입니다. 일단 바울의 편지를 대신 전한 뵈뵈가 여성입니다[16:1]. 브리스가[16:3], 마리아[16:6], 드루배나와 드루보사도 여성입니다[16:12]. 고대인들이 여성을 남성보다 열등하게 생각했던 것을 고려하면, 바울의 안부 인사에 여성의 이름이 많이 등장하는 것은 상당히 이례적입니다. 더 특이한 것은 노예들의 이름입니다. 아리스도불로의 권속은 아리스도불로에게 속한 노예를[16:10], 나깃수의 가족은 나깃수에게 속한 노예를 의미합니다[16:11]. 암블리아, 우르바노, 스다구 역시 전형적인 노예의 이름입니다.[4] 고대인들은 노예를 인간 이하의 존재로 취급했습니다. 그런데 바울은 그들을 동등한 사람으로 존중하고 있습니다. 여기서 우리는 교회가 어떤 곳인지를 알 수 있습니다. 세상은 사람을 차별합니다. 하지만 교회에는 차별이 있을 수 없습니다. 오히려 교회는 세상에서 차별당하는 자들을 존중하고 높이는 곳입니다.

1 내가 겐그레아 교회의 일꾼으로 있는 우리 자매 뵈뵈를 너희에게 추천하노니

2 너희는 주 안에서 성도들의 합당한 예절로 그를 영접하고 무엇이든지 그에게 소용되는 바를 도와줄지니 이는 그가 여러 사람과 나의 보호자가 되었음이라

3 너희는 그리스도 예수 안에서 나의 동역자들인 브리스가와 아굴라에게 문안하라

4 그들은 내 목숨을 위하여 자기들의 목까지도 내놓았나니 나뿐 아니라 이방인의 모든 교회도 그들에게 감사하느니라

5 또 저의 집에 있는 교회에도 문안하라 내가 사랑하는 에배네도에게 문안하라 그는 아시아에서 그리스도께 처음 맺은 열매니라

6 너희를 위하여 많이 수고한 마리아에게 문안하라

7 내 친척이요 나와 함께 갇혔던 안드로니고와 유니아에게 문안하라 그들은 사도들에게 존중히 여겨지고 또한 나보다 먼저 그리스도 안에 있는 자라

8 또 주 안에서 내 사랑하는 암블리아에게 문안하라

9 그리스도 안에서 우리의 동역자인 우르바노와 나의 사랑하는 스다구에게 문안하라

10 그리스도 안에서 인정함을 받은 아벨레에게 문안하라 아리스도불로의 권속에게 문안하라

11 내 친척 헤로디온에게 문안하라 나깃수의 가족 중 주 안에 있는 자들에게 문안하라

12 주 안에서 수고한 드루배나와 드루보사에게 문안하라 주 안에서 많이 수고하고 사랑하는 버시에게 문안하라

13 주 안에서 택하심을 입은 루포와 그의 어머니에게 문안하라 그의 어머니는 곧 내 어머니니라

14 아순그리도와 블레곤과 허메와 바드로바와 허마와 및 그들과 함께 있는 형제들에게 문안하라

겐그레아 [16:1] 고린도에 있는 항구 도시입니다. 바울이 로마서를 집필할 때 머물렀던 곳입니다.

일꾼 [16:1] 일꾼으로 번역된 헬라어는 '디아코노스'입니다. 이 단어는 '노예' 또는 '집사'로도 번역할 수 있습니다.

브리스가와 아굴라 [16:3] 고린도 지역에서 바울과 동역했던 부부입니다. 바울처럼 천막을 만드는 사람들이었습니다.

저의 집에 있는 교회 [16:5] 초대 교회 신자들은 주로 가정에서 모임을 가졌습니다.

아리스도불로의 권속 [16:10] 아리스도불로에게 속한 노예라는 뜻입니다. 아리스도불로는 헤롯 대왕의 손자일 가능성이 있습니다.

나깃수의 가족 중 주 안에 있는 자들 [16:11] 나깃수에게 속한 노예라는 뜻입니다.

루포 [16:13] 예수님의 십자가를 대신 졌던 구레네 사람 시몬의 아들일 가능성이 있습니다(막 15:21).

15 빌롤로고와 율리아와 또 네레오와 그의 자매와 올름바와 그들과 함께 있는 모든 성도에게 문안하라

16 너희가 거룩하게 입맞춤으로 서로 문안하라 그리스도의 모든 교회가 다 너희에게 문안하느니라

17 형제들아 내가 너희를 권하노니 너희가 배운 교훈을 거슬러 분쟁을 일으키거나 거치게 하는 자들을 살피고 그들에게서 떠나라

18 이 같은 자들은 우리 주 그리스도를 섬기지 아니하고 다만 자기들의 배만 섬기나니 교활한 말과 아첨하는 말로 순진한 자들의 마음을 미혹하느니라

19 너희의 순종함이 모든 사람에게 들리는지라 그러므로 내가 너희로 말미암아 기뻐하노니 너희가 선한 데 지혜롭고 악한 데 미련하기를 원하노라

20 평강의 하나님께서 속히 사탄을 너희 발 아래에서 상하게 하시리라 우리 주 예수의 은혜가 너희에게 있을지어다

21 나의 동역자 디모데와 나의 친척 누기오와 야손과 소시바더가 너희에게 문안하느니라

22 이 편지를 기록하는 나 더디오도 주 안에서 너희에게 문안하노라

23 나와 온 교회를 돌보아 주는 가이오도 너희에게 문안하고 이 성의 재무관 에라스도와 형제 구아도도 너희에게 문안하느니라

24 (없음)

25 나의 복음과 예수 그리스도를 전파함은 영세 전부터 감추어졌다가

26 이제는 나타내신 바 되었으며 영원하신 하나님의 명을 따라 선지자들의 글로 말미암아 모든 민족이 믿어 순종하게 하시려고 알게 하신 바 그 신비의 계시를 따라 된 것이니 이 복음으로 너희를 능히 견고하게 하실

27 지혜로우신 하나님께 예수 그리스도로 말미암아 영광이 세세 무궁하도록 있을지어다 아멘

거룩하게 입맞춤으로 [16:16] 거룩한 입맞춤은 초대 교회 신자들이 친밀함을 나타내는 방식이었습니다.

나의 동역자 디모데 [16:21] 바울의 첫 동역자는 바나바였습니다. 바나바와 갈라선 이후에는 디모데가 바울의 가장 중요한 동역자가 되었습니다.

미주

1   리고니어 미니스트리 출판부, 『개혁주의 스터디 바이블』, (서울: 부흥과개혁사, 2017), 1979.
2   크로스웨이 ESV 스터디 바이블 편찬팀, 『ESV 스터디 바이블』, (서울: 부흥과개혁사, 2014), 2208.
3   리고니어 미니스트리 출판부, 『개혁주의 스터디 바이블』, (서울: 부흥과개혁사, 2017), 1999.
4   리고니어 미니스트리 출판부, 『개혁주의 스터디 바이블』, (서울: 부흥과개혁사, 2017), 2016.